Les douze travaux d'Hercule

Castor Poche
Collection animée par
François Faucher, Hélène Wadowski,
Martine Lang et Cécile Fourquier

Une production de l'Atelier du Père Castor

DOMINIQUE BUISSET

Les douze travaux d'Hercule

Illustrations de Camille Meyer

Castor Poche Flammarion

Dominique Buisset

L'auteur écrit de la poésie et des proses brèves, des nouvelles… Il traduit de la poésie latine et grecque, pour l'édition ou pour le théâtre.

Du même auteur, en Castor Poche :
Course-poursuite à l'italienne, n° 577.

Pour en savoir plus, on pourra se reporter à deux ouvrages de référence :

Pierre Grimal, *Dictionnaire de la mythologie*, Paris, P.U.F., 1951 (nombreuses rééditions).

Pierre Chuvin, *La Mythologie grecque. Du premier homme à l'apothéose d'Hèraklès*, Paris, Fayard, 1992.

Camille Meyer

L'illustratrice est née à Colmar en 1964. Après deux ans d'études aux Beaux-Arts de Mulhouse, elle a rejoint l'atelier d'illustration des Arts décoratifs de Strasbourg.

Après avoir beaucoup travaillé dans la publicité et dans le domaine des livres scolaires, elle s'oriente maintenant vers d'autres aventures : le livre de poche et la bande-dessinée.

La Grèce et la mer Égée

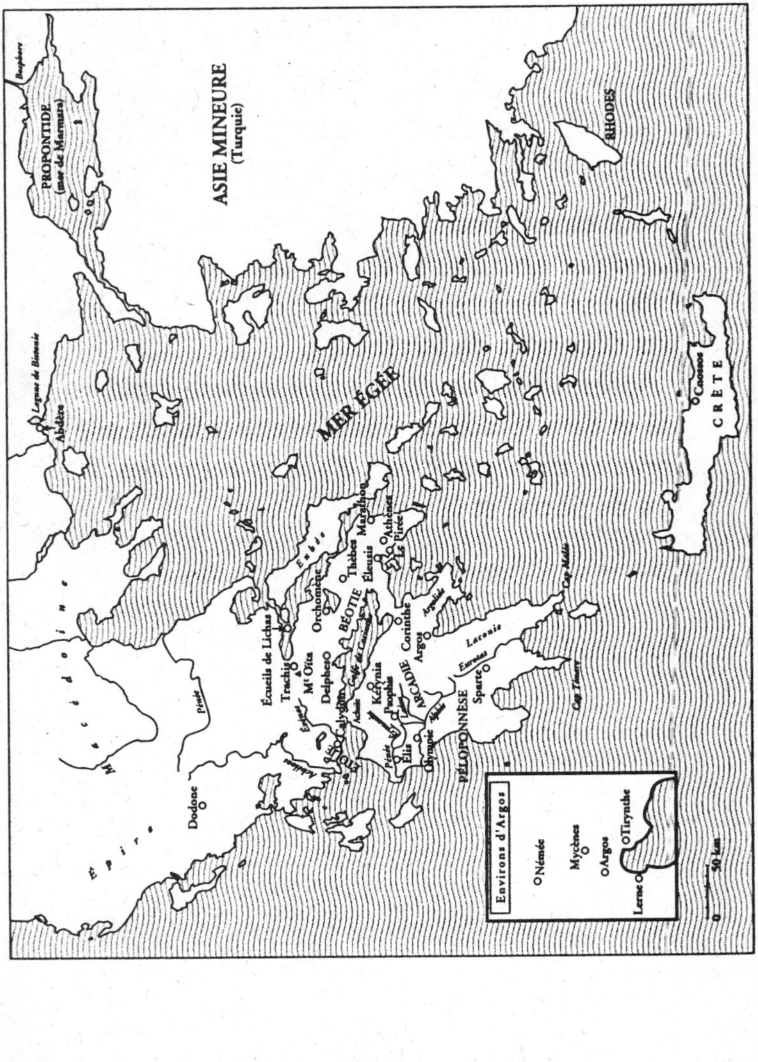

Note sur le nom du héros
et le titre du livre

En Occident, et, en général, dans tous les pays dont la langue – comme le français – est fille du latin, on connaît le héros dont le lecteur va lire ici les aventures sous le nom d'Hercule, que lui donnaient les Romains. En français, de nos jours encore, si quelqu'un a la capacité physique d'accomplir des choses impossibles au commun des mortels, on dit qu'il est doué d'une force herculéenne.

C'est la raison pour laquelle on trouve en titre:

Les douze travaux d'Hercule

C'est pourtant un personnage que les Romains ont «emprunté» – comme tant de choses – aux Grecs, qui l'appelaient Hèraklès... *Il n'est d'ailleurs pas impossible que les Grecs eux-mêmes l'aient emprunté aux Phéniciens, chez lesquels le dieu* Melkart *lui ressemble beaucoup...*

Mais le plus grand nombre des textes qui nous parlent de lui sont en grec. Et c'est la raison pour laquelle, comme tous les autres personnages de ses aventures, le héros portera ici son nom grec :

Hèraklès.

Prologue

C'était dans l'antiquité de l'Antiquité, en Grèce, dans des temps où les dieux qui vivent pour toujours se mêlaient encore volontiers aux mortels – et surtout aux mortelles.

Le monde n'était pas encore aussi grand qu'aujourd'hui, ou, s'il l'était, les hommes ne le savaient pas. Ils parcouraient les lieux qu'ils habitaient, et, peu à peu, certains d'entre eux s'aventuraient plus loin.

Mais, à l'inverse, le monde n'était pas encore aussi petit : on commençait à peine à domestiquer le cheval – on l'attela aussitôt à des chars de guerre – et l'on voyageait à pied, si bien qu'à la vitesse où ils le parcouraient, le monde pouvait paraître immense aux humains. Une fois arrivés au bord d'un océan – Atlantique ou Indien– ils croyaient être au bout de la terre.

L'univers leur semblait peuplé de dieux et de monstres au beau milieu desquels la forme humaine se cherchait. Eux tâchaient de se faire une place, petit à petit, et de comprendre un peu, grâce aux histoires qu'ils se racontaient, tout ce qui existe et tout ce qui arrive, en mettant de l'ordre dans leurs idées. C'est un peu de ces récits-là qu'est faite la *Mythologie*.

Les mythes sont comme des paroles qui vibrent en écho et rebondissent. Mais nous, ils nous arrivent de si loin dans le passé, ils ont tant roulé de bouche en bouche et de bouche à oreille... et puis de livre en livre, d'une région de la Grèce à l'autre, d'un bout à l'autre de la Méditerranée... et le temps a mangé, chemin faisant, tant de morceaux de livres ou de livres entiers que ce qui est parvenu jusqu'à nous est parfois un peu confus et contradictoire.

Bien sûr, on ne sait plus qui fut le premier – ou la première – à les dire, ni même s'ils eurent un auteur. On les reçoit par chants entiers ou par bribes ; mais bien malin qui saurait d'où ils viennent après tant de ressauts, tant d'avatars, bien malin qui saurait quelle est la voix qui parle dans le mythe…

Pour nous, ce n'est plus qu'une voix immense, indéfinie, qui contient celle de tous les hommes et de toutes les femmes, depuis des temps et des temps, de génération en génération, qui se sont raconté ces légendes – et bien d'autres – pour tenter d'y déchiffrer l'énigme du monde, d'y ressaisir les ombres de ceux qui n'étaient plus, et se donner le cœur de faire encore un pas…

Ici et maintenant, après eux, après tout ce temps écoulé, c'est à nous.

13

Le lion de Némée

— Molorcos !… Molorcos ! Attends !…

Le cri s'entendait à peine, tant il venait de loin, mais, au lieu de frapper, le couteau levé s'abaissa lentement avec la main de l'homme qui le tenait. Il avait tant espéré ce cri : voilà pourquoi, sans doute, il arrivait à l'entendre de si loin. Car il reconnaissait la voix de celui qui l'appelait ainsi : c'était celle de son hôte, celle de l'homme qu'il avait accueilli dans sa pauvre maison, exactement un mois auparavant. Sa poitrine se gonfla d'un soupir qui lui fit mal, bien que ce fût un soupir de soulagement : c'était la douleur qui s'en allait... Comme convenu, il était en train d'offrir un sacrifice funèbre en l'honneur de cet homme qu'il croyait mort, et voilà qu'il était là, et l'appelait par son nom !

— Ne frappe pas, Molorcos ! Je suis là !

La voix s'était nettement rapprochée, car l'homme courait vite. Il avait pourtant sur l'épaule une lourde massue, et l'on apercevait du côté opposé un arc et un carquois. On voyait tournoyer, aussi, autour de lui quelque chose comme un manteau... ou une peau de bête.

Les trois autres hommes, qui tenaient fermement immobile sur l'autel de pierre le bélier que Molorcos s'apprêtait à frapper, avaient levé la tête comme lui et jetaient des regards ébahis vers le nouveau venu, sans pour autant lâcher la victime.

— Arrête, Molorcos, il serait sacrilège – et de mauvais augure – d'offrir un sacrifice funèbre en l'honneur d'un vivant ! Or, Zeus n'a pas voulu que je meure… C'est à lui, comme je l'espérais, qu'il faut offrir ce sacrifice : à Zeus Sauveur !

Le coureur était maintenant tout près. Molorcos sentait monter l'émotion en boule dans sa gorge ; il balbutia :

— Tu l'as donc tué ! Que les dieux te bénissent ! Tu as tué le meurtrier de mon fils !…

La main qui tenait le couteau pendait à présent le long de son corps. Les larmes roulaient sur ses joues, mais il reconnaissait à travers elles la peau de l'ennemi. L'homme s'arrêta devant lui : il arracha de ses épaules pour la jeter aux pieds de Molorcos la peau écorchée du lion monstrueux qui avait dévoré l'enfant ! Tous se taisaient. Un instant, le bélier même, qui attendait le coup fatal, sur l'autel, cessa de se débattre. Molorcos, avec un soupir de désespoir, se ressaisit pourtant :

— Je ne reverrai jamais plus mon pauvre fils, que le monstre m'avait tué cela fait près d'un an… mais, au moins, le voilà vengé ! Tu as raison : il faut changer sacrifice et prières ! C'est la reconnaissance, désormais, qui doit monter vers les dieux, dans ce pays que tu viens de sauver d'un pareil fléau!

Il se tourna vers les autres et reprit:

— Mes amis, ce n'est que trop juste, il convient que le sacrifice, maintenant, soit dédié à Zeus Sauveur!… Mais il faut le retarder un peu et le reprendre tout à l'heure: notre hôte a eu la peine d'accomplir la volonté du dieu, il lui faut le temps de se purifier pour y prendre part…

Ils approuvèrent d'un hochement de tête, et ils posèrent la victime à terre au pied de l'autel, sans la délier.

*

— Mon hôte, si tu veux bien, le moment est venu de nous dire comment tu es venu à bout de ce lion monstrueux, que certains disent tombé de la Lune!…

Molorcos s'était tourné vers le héros vainqueur. On avait fait le sacrifice, on avait brûlé sur l'autel, suivant le rite, la part des dieux, les entrailles, la graisse et les os… et c'était aux mortels maintenant de prendre la leur: les membres dépecés du bélier rôtissaient lentement sur les broches au-dessus des braises.

Le pauvre hameau n'avait que quelques habitants, tout le monde était autour du feu. Les plus âgés étaient assis, les autres allaient et venaient en surveillant la cuisson ; et les enfants étaient un peu partout, les plus grands s'approchant pour écouter, les plus petits se poursuivant en tous sens, et certains, même, à quatre pattes, que les grands ramassaient en riant.

Car le temps de rire était revenu ! On respirait à nouveau librement : le monstre qui dévastait le pays était mort, et bien mort. L'homme à qui s'adressait le vieux Molorcos l'avait tué, et il avait déclaré qu'il comptait bien, comme on avait vu, se faire un manteau de sa peau, en ajustant le mufle comme un casque sur sa tête… et il faisait le lion en s'expliquant, et tout le monde riait.

Bien sûr, en attendant d'être mieux travaillé par un homme de l'art, le trophée, pour l'instant, se trouvait étalé devant l'autel. Et, tandis que la viande rôtissait doucement au feu, le chasseur répondit à Molorcos :

— Alors, ne crois-tu pas que tu as bien fait de garder ton bélier jusqu'aujourd'hui,

Molorcos ? Est-ce que le repas n'est pas plus gai qu'il ne l'aurait été il y a un mois ?

Quand le chasseur était venu lui demander l'hospitalité, le soir de son arrivée dans la région de Némée, en annonçant qu'il allait traquer le lion, Molorcos, malgré sa pauvreté, avait voulu, pour lui faire honneur, sacrifier son unique bélier. Mais l'homme l'en avait empêché : « Attends trente jours ! Dans trente jours, si je ne suis pas revenu, tu pourras faire de ton bélier un sacrifice funèbre à ma mémoire. Si, comme je l'espère, je reviens vainqueur, tu le sacrifieras à Zeus Sauveur... « Et Molorcos, le lendemain, l'avait regardé partir en chasse et, depuis lors, il avait attendu dans l'angoisse... Peu à peu, en comptant les jours, il avait perdu le mince espoir qu'il avait eu au cœur. Et, le trentième jour venu, certain que le chasseur ne reviendrait plus, il avait, dès l'aube, préparé le sacrifice funèbre. Quelle folie d'espérer ! Le lion allait continuer à ravager le pays...

Et puis... et puis... Molorcos sourit :

— Tu as raison... mais raconte-nous comment tu as fait.

— Vingt-neuf jours !... Les vingt-neuf premiers jours, j'ai parcouru la région dans tous les sens, sans jamais rencontrer le monstre. Partout, vous le savez bien, les champs étaient à l'abandon, car personne n'osait plus s'y aventurer pour les travailler. Les seuls humains que je rencontrais se terraient chez eux, ou bien ils n'en sortaient que pour accomplir, eux aussi, des rites funèbres en l'honneur de gens de leur famille que le lion avait enlevés.

« Ce n'est qu'hier matin que la brise de l'aube a porté jusqu'à moi l'odeur du fauve. J'avais passé la nuit dans les branches d'un olivier sauvage, celui-là même dans lequel je m'étais taillé une massue le lendemain de mon départ. Ce n'était pas très loin d'ici : j'avais tellement tourné à travers le pays pour découvrir sa trace… L'odeur venait du pied des collines, là-bas…

Les villageois s'étaient tus depuis qu'il racontait, et ils frémirent à la pensée que le monstre était revenu si près. Les enfants avaient interrompu leurs jeux, ils s'étaient rapprochés pour écouter, eux aussi. Une vieille femme sourde était restée près des broches chargées. À côté d'elle, il y avait un homme d'une quarantaine d'années qui l'aidait en lui tenant l'écuelle de sauce : elle y puisait de temps en temps avec un bouquet d'herbes aromatiques, pour enduire la viande.

— J'ai décroché mes armes qui pendaient dans les branches et je suis descendu sans bruit. Au pied de l'arbre, j'ai tendu la corde sur mon arc. J'ai pris en main la massue que j'avais posée sur une fourche, et, lentement, je me suis mis en route. Vous pensez si j'ai pris la précaution de ne faire aucun bruit et de me diriger vers lui en tâchant de rester sous le vent. J'ai marché longtemps, ne m'arrêtant que quand je croyais perdre la trace de son odeur. Mais c'était rare : au contraire, elle devenait de plus en plus forte et plus nette. Le soleil était déjà haut, quand j'ai enfin aperçu le fauve : vous avez vu la peau, il était énorme ! Il se roulait paresseusement dans la poussière en étirant ses pattes. Son mufle était encore tout sanglant de sa chasse de la nuit. Et non loin de là, en effet, j'apercevais les restes affreux d'un cadavre humain…

L'assistance frissonna en poussant un soupir d'horreur.

— Alors, je m'approchai pas à pas, le plus

près que je pouvais sans attirer son attention. Arrivé à portée de tir, posant la massue, je pris l'arc et ajustai une flèche, la corde dans l'encoche. Je fis encore un pas, un de trop! La bête s'immobilisa soudain. Il n'y avait pas à hésiter : la flèche partit en sifflant. Elle toucha l'animal en plein milieu du flanc et je sentais déjà mon cœur s'enfler de la joie du triomphe… Horreur! Au lieu de pénétrer dans la chair, la flèche rebondit sur la peau et tomba à terre.

— Je te l'avais bien dit, qu'il était invulnérable! s'écria Molorcos. Tu ne m'avais donc pas cru?

— Oui! tu me l'avais dit… Mais la chose était incroyable! Avoue…

— Et pourtant elle était vraie!

— Oui, et il allait falloir l'affronter corps à corps!… L'animal, aussitôt, s'était redressé, cherchant, sous la piqûre, d'où venait l'ennemi, et faisant face. Moi, j'avais tenté ma chance avec une seconde flèche : peine perdue! Elle toucha en plein poitrail, et retomba comme la précédente. Le lion semblait hésiter. Il fit un pas dans ma direction; et moi, voyant que les flèches ne servaient à rien, je courus reprendre la massue. Quand je me retournai, croyant avoir à soutenir l'attaque du monstre, quelle stupéfaction! Il avait tranquillement fait demi-tour et s'éloignait au petit trot! Sans doute, encore alourdi par l'affreux repas qu'il avait fait la veille, il préférait éviter le combat…

Parmi les auditeurs fascinés, personne, apparemment, ne percevait l'odeur puissante d'origan et de viande grillée qui se répandait. Pourtant, sans qu'ils s'en rendent compte, elle aussi réjouissait leur cœur, comme la peau là-bas, et les reflets du feu qui jouaient sur les dents et les griffes énormes, et comme le récit fabuleux de cet homme: décidément, il devait avoir les dieux avec lui!…

— Je le suivis, arc et carquois à l'épaule, et la massue en main. Je l'avais cherché trop longtemps pour le laisser disparaître maintenant! Bientôt, je dus presser le pas; et l'animal m'entraîna, derrière lui, par-delà les collines, jusqu'au pied du mont Trètos. Là, s'engageant parmi un éboulis de rochers, il atteignit bientôt l'entrée d'une grotte dans laquelle il se glissa. Posant mes armes aussitôt, je choisis le plus gros des rochers qui se trouvaient à portée. En m'arc-boutant sur lui de toutes mes forces, je parvins à le rouler jusqu'à l'entrée de la grotte : la bête était prise ! Plus d'issue ! Le fauve rugit de colère. Moi, j'aurais bien sauté de joie ! Pourtant, il y avait dans ce rugissement-là quelque chose qui m'inquiéta... Oh, pas la fureur du monstre à se voir pris au piège ! Non... le son même avait quelque chose de bizarre. Il résonnait dans la grotte, et il me parvenait par les interstices de l'ouverture que le rocher ne fermait pas complètement. Oui... mais il y avait autre chose... Au troisième rugissement, je compris que le son était trop clair, pas assez caverneux : il me parvenait aussi par un écho extérieur ! Pas de doute, ça ne pouvait signifier qu'une chose : la grotte avait une autre entrée. Laissant l'arc, puisqu'il ne pouvait me servir à rien, je saisis la massue et me mis à chercher comment faire le tour de l'éboulis. À mesure que j'avançais, les rugissements de mon ennemi résonnaient avec plus de force, enflés encore par l'écho des rochers comme quand on met ses mains en coquille à sa bouche. Bientôt j'aperçus la seconde ouverture. Elle était nettement plus large et plus haute que l'autre. Le lion y était arrivé en même temps que moi et je brandis la massue pour l'empêcher de sortir. Il hésita, et recula en rugissant dans la pénombre où je voyais briller ses yeux comme des braises. Je repris mon souffle, la lutte s'annonçait rude : pas d'autre solution que d'aller chercher l'ennemi dans son repaire ! J'allais devoir entrer…

Dans le public, un « oh » d'étonnement épouvanté accueillit cette phrase, mais le chasseur reprit :

— La massue haute, j'avançai vers l'entrée de la grotte. À l'instant même où je la franchissais, le fauve, avec un rugissement épouvantable, bondit à ma rencontre, tout en gueule, en dents et en griffes. Mais, juste avant qu'il ne m'atteigne, je sautai de côté, en lui abattant la massue de toutes mes forces au sommet du crâne. Il retomba sur ses pattes flageolantes, la cervelle brouillée par le choc. Moi, aussitôt, je rejetai la massue et, empoignant sa crinière, je sautai à cheval sur son dos, comme un cavalier. Là, m'allongeant sur sa nuque en appuyant sur elle mon bras gauche replié, je passai mon bras droit sous sa gorge, en dessous de sa gueule béante, et, de toutes mes forces, j'appuyai du bras gauche et tirai du bras droit. Le monstre, en se dressant, essaya de me faire lâcher prise, mais j'avais été vif comme l'éclair et ma prise était bonne. Je serrai, serrai tant que je pus, jusqu'à ce qu'enfin les os craquent : un bruit comme celui d'un arbre qui s'abat me prouva que j'avais réussi à lui briser l'échine, et je sentis le corps se relâcher sous mon étreinte, mort.

Les auditeurs, qui avaient vu le monstre, en restaient bouche ouverte, les yeux exorbités. Le chasseur se redressa en promenant sur eux un regard d'orgueil, puis il tourna la tête vers le feu :

— Mais, dites donc, il faudrait regarder un peu où en est cette viande !

27

Au nom de la déesse Hèra

Un soupir parcourut l'assemblée, tout le monde se mit à parler en même temps. Et l'on s'empressa d'aller prendre des nouvelles du méchoui. Cuit à point, tendre à souhait, succulent… et les plus gras morceaux étaient attribués au héros vainqueur du lion de Némée. Quand ils eurent chassé la soif et la faim, une question fusa :

— Qu'est-ce que tu vas faire de la peau du lion ?

— Mais tu as bien vu : il va s'en faire un manteau, avec le mufle en guise de casque !

— Ah, oui ?... Mais il faut la tanner...

— Très juste ! Elle aura besoin d'être travaillée par un homme du métier. Moi, je n'ai fait que la gratter avec des pierres pour la nettoyer. Et je m'y suis donné bien de la peine : le monstre était invulnérable, aucune arme ne pouvait le blesser ! Aucune lame ne pouvait l'entamer ! Il fallait pourtant bien dépecer l'animal, puisque je dois montrer la peau à mon maître le roi Eurysthée !

Il se fit un silence. Quoi ? Un pareil homme avait un maître ? Ils avaient dû entendre de travers ? C'est Molorcos qui reprit la parole :

— Mon hôte, quel mot s'est échappé de l'enclos de tes dents ? Nous autres, nous avons des maîtres, un seigneur comme toi n'en a pas ! Surtout un homme de ta force et de ton courage !... Et, d'ailleurs, visiblement, les dieux te favorisent...

Le soupir qui sortit de la poitrine du tueur de lion était presque un sanglot, et Molorcos reprit sur un ton moins vif :

— Qui es-tu donc, seigneur ? Car, moi, je ne peux pas faire autrement que de te donner ce titre… Les autres l'approuvaient en hochant la tête. Quand tu m'as fait l'honneur il y a un mois de venir dans ma maison, je n'ai pas demandé ton nom, ce n'est pas la coutume, et surtout la seule chose qui comptait, alors, c'était l'espoir qui renaissait grâce à toi… Maintenant, ne veux-tu pas nous dire le nom de notre sauveur ? Nous sommes prêts à l'honorer comme celui d'un dieu !

— Je m'appelle… L'étranger hésita un instant. Je m'appelle Hèraklès.

Il se fit un murmure approbateur. On lui était reconnaissant d'avoir dévoilé son nom. Et, dans un pays consacré à la déesse Hèra, ce nom-là ne pouvait que plaire…

— « Gloire à Hèra », c'est un beau nom, dit quelqu'un.

— Non, « Glorieux par la faveur d'Hèra » ! rectifia un autre.

Un sourire amer tordit le visage du héros.

— La faveur d'Hèra ! Ah, oui !… N'allez pas croire ça : la déesse me hait ! C'est elle qui m'a donné un maître ! Et ce lion monstrueux, comme tu l'as dit, Molorcos, il paraît qu'il était, à l'origine, sur la Lune – où les êtres, c'est bien connu, sont beaucoup plus grands que dans ce monde-ci. Mais c'est la déesse Hèra qui a fait venir un terrible frisson à l'astre de la nuit, pour provoquer la chute du lion sur la terre, justement dans ce pays de Némée, afin qu'il soit pour moi une terrible épreuve. Non… je vous le répète : elle me hait !

L'homme qui était resté près du feu à aider la vieille pendant tout le récit s'était peu à peu rapproché :

— Sait-on jamais qui les dieux aiment ou haïssent ? demanda-t-il. Ainsi, tu t'appelles Hèraklès, maintenant ?

Hèraklès se tourna vers lui :

— Qui es-tu, toi, pour poser cette question-là ? Connaîtrais-tu mon autre nom ? Sais-tu donc qui je suis ?

— N'es-tu pas celui qu'on appelait, à Thèbes, Alkeïdès, fils d'Amphitryon, le petit-fils d'Alkaïos le Fort ? L'arrière-petit-fils du héros Persée ?

— Oui… D'où me connais-tu ? Est-ce que tu es thébain ? Je ne t'ai jamais vu…

— Quand je suis parti de Thèbes, tu étais

encore un enfant, et tu m'as oublié. Je viens d'y repasser, il y a peu, juste après ton départ, et j'ai entendu raconter des choses qui m'ont fait frémir…

Le visage d'Hèraklès se rembrunit, il baissa la tête et garda le silence. Molorcos intervint :

— Phêmios, c'est une joie pour nous d'avoir deux hôtes en même temps ! Tu sais tout le respect que nous avons pour les aèdes et combien nous te sommes reconnaissants pour tes chants, qui nous ont rendu courage, ces jours-ci. Mais on dirait que tes paroles ont contrarié celui que tu nommes Alkeïdès. Il n'est pas bon qu'un hôte en blesse un autre : la chose est embarrassante pour tout le monde.

Hèraklès releva la tête, et, s'adressant à l'homme que Molorcos venait de qualifier d'aède :

— Ainsi, tu es Phêmios… le meilleur élève, à ce que l'on disait, de mon maître Linos ! Celui qui est parti interpréter ses chants à travers le monde… Ne lui fais pas de reproche, Molorcos ! Moi, je comprends qu'il ait frémi aux nouvelles qui lui ont été données. Les faits dont il parle sont la preuve, s'il en fallait encore, que, même si mon nouveau nom est dérivé du sien, la déesse me hait!

— Notre hôte, répondit Molorcos, ne veux-tu pas nous dire, justement, pourquoi tu as changé de nom? Ce n'est pas si fréquent, parmi les hommes...

Tous les présents avaient de nouveau fait silence; Hèraklès reprit la parole:

— Bon ami Molorcos, tu me demandes là de raviver des souvenirs affreux! De rappeler des actes que j'ai accomplis, et qui ne sont pas les miens; car il fallait être saisi par la folie pour les commettre! Mais, si tu as si grand désir de savoir les malheurs qui ont bouleversé ma vie, je vais vous les dire...

« Après le départ de Thèbes de Phêmios, je fus l'élève, moi aussi, de l'illustre Linos, qui lui avait appris la poésie, la musique et le chant... Mais moi, j'étais mauvais élève, et comme je travaillais mal, il arrivait que Linos me frappe... Un jour – ce fut mon premier crime; ça ne devait pas être le dernier –, à l'instant où il me frappa, la colère me prit et je lui donnai, en riposte, un tel coup sur la tête avec ma cithare qu'il en tomba raide mort. On a dû te le raconter à ton passage à Thèbes,

Phêmios... Tu pouvais bien frémir : on ne t'a pas menti. Je ne fus pas condamné : j'étais encore presque enfant, Linos avait frappé le premier... Et puis, la colère n'est-elle pas une courte folie ?...

« Mon père, voyant que, par ma force et par mon caractère, je pouvais être dangereux pour les autres, m'envoya vivre à la campagne, parmi les troupeaux. Et c'est là que j'appris à pratiquer tous les exercices du corps et à manier les armes. En quelques années, je devins comme vous me voyez : grand et fort, plus que n'importe quel mortel ! Or, un jour, en rentrant de la chasse, je trouvai sur ma route les envoyés d'Erginos, le roi des Minyens, qui se rendaient à Thèbes. Les Minyens sont un peuple voisin, et Thèbes, en ce temps-là, devait leur payer tous les ans un tribut de cent vaches. J'en avais honte pour ma ville, et, quand je les rencontrai, le sang bouillonna dans mes veines : je m'emparai d'eux et leur coupai le nez, les oreilles et les mains. Je les leur attachai autour du cou, en leur disant que ce serait le seul tribut qu'ils rapporteraient à leur roi. Bien entendu, ce fut la guerre ! Je pris la tête de l'armée thébaine, et, grâce à l'aide d'Athèna, je fus vainqueur des Minyens, à qui j'imposai un tribut double de celui que Thèbes payait auparavant !

« Accueilli en triomphateur par la cité, je fus fêté de tous, et le roi Créon, en récompense de mes exploits, m'offrit sa fille aînée en mariage. À mon frère Iphiklès, il donna sa fille cadette.

« Il nous naquit des enfants, et je vécus ainsi, comme un prince vainqueur, au bonheur duquel il ne manquait rien, en apparence…

« C'était compter sans la haine d'Hèra : après trois ans de ce bonheur-là, elle m'envoya une folie telle qu'il n'y en a pas de pire pour les hommes ! Dans un accès furieux, j'arrachai aux bras de mon épouse Mégara, leur mère, les trois enfants qu'elle m'avait donnés et je les jetai au feu ! J'en fis autant avec deux des enfants de mon frère Iphiklès… Mais, après ces horreurs, je n'en étais pas quitte avec la folie. Levant mon arme contre mon propre père, j'essayai de le tuer ! C'est la déesse Athèna qui vint au secours du fou furieux que j'étais. On m'a raconté qu'elle me lança une pierre dans la poitrine : en la recevant, je tombai aussitôt endormi…

La voix du héros s'étrangla. L'auditoire, cette fois, était muet d'horreur. Après un long silence qui ne fut rompu par personne, Hèraklès reprit :

— C'en était fini de la bonne vie que je menais à Thèbes. Après de pareils crimes, folie ou pas, je me condamnai moi-même à l'exil. Laissant à Thèbes Mégara, avec qui je ne pouvais plus vivre après lui avoir tué ses enfants, je me rendis à Delphes, pour demander au dieu Apollon ce que je devais faire, où je devais m'installer.

« La prêtresse qui rend les oracles du dieu, la Pythie, commença par changer mon nom – car jusqu'alors on m'avait appelé Alkeïdès, d'après le nom de mon grand-père –, puis elle me dicta ma conduite : « Ton destin est de te soumettre à la volonté d'Hèra. Et c'est pourquoi tu t'appelleras Hèraklès, car tu tireras ta gloire d'elle, et tu travailleras à la sienne. Tu iras t'établir à Tirynthe, en Argolide, et tu te mettras pour douze ans au service du roi du pays, ton cousin Eurysthée. Là, tu accompliras tous les travaux qu'il te commandera au nom de la déesse. Quand tu les auras accomplis, tu deviendras immortel, et tu seras reçu dans l'Olympe, parmi les dieux. »

« Voilà comment je suis venu chez vous tuer le lion de Némée ! Maintenant, vous comprenez pourquoi j'ai dit que je devais montrer la peau du lion à « mon maître le roi Eurysthée ».

Dans le silence qui suivit, Molorcos, après avoir hésité un peu, reprit la parole :

— Notre hôte, les crimes que tu nous racontes sont affreux, mais tu en es à la fois l'auteur et la victime ; et tu en es victime en cela même que tu en es l'auteur : c'est la folie envoyée par la déesse qui te les a fait commettre !… La volonté des dieux est un mystère, et les mortels souvent sont leurs jouets. Moi, ce que je vois de plus clair dans tout ça, c'est que tu es notre sauveur, à nous, pauvres gens… et que tu n'es pas un mortel ordinaire, puisque les dieux ont l'air de s'intéresser à toi de si près – en bien ou en mal…

Phêmios intervint à son tour :

— Qui peut être certain de comprendre, dans ce que font les dieux, ce qui est pour le bien, et ce qui est pour le mal ?… Mais te voilà brisé à la fois par la fatigue du combat et par l'émotion du récit – et je me demande quelle a été pour toi la plus violente.

« Crois-moi, prêtons au sommeil le reste de la nuit. Mais demain, en reprenant le chemin d'Argos, si tu m'en crois, tu n'appelleras plus Eurysthée ton maître : il n'est que l'instrument d'un grand destin qui t'appartient.

Les origines

L'aurore aux doigts de rose avait à peine effacé, au ciel, l'étoile du matin, que tous les habitants du hameau étaient de nouveau rassemblés pour dire adieu à Hèraklès.

Ils lui disaient leur reconnaissance et le couvraient de bénédictions. Soudain, au milieu de ce concert, Hèraklès sentit qu'une main tirait sur la peau du lion, qu'il avait jetée sur ses épaules:

— Mais… pour la peau… tu ne nous as pas dit comment tu avais fait!…

— Oh, c'est bien simple… Au bout d'un moment, une idée m'est venue: personne ni aucune arme ne pouvait rien contre la peau du monstre invulnérable… Bon. Mais, lui?… Alors… j'ai pris le lion par la patte et, la tournant contre lui-même, j'ai réussi à entamer sa peau avec ses propres griffes!…

Un cri de joie s'éleva: belle trouvaille!

— Maintenant, laissez-moi partir, mes amis! Eurysthée ne s'attend pas à me voir, moi, dans la peau de ce lion! et cela me console un peu d'avoir à lui obéir…

Quand il eut disparu au détour du chemin, aux champs!… Le travail n'allait pas manquer pour les remettre en état après un si long temps d'abandon.

Pourtant, le soir venu, après une journée, en effet, bien remplie, quelques villageois vinrent s'asseoir autour de Phêmios en lui tendant une galette plate et une écuelle exactement semblable à celle qu'ils avaient eux-mêmes à la main : quelques fèves et quelques pois chiches bouillis nageaient dans une mince couche d'huile d'olive.

— Phêmios, tu t'en doutais bien, ça n'est pas tous les jours fête : voilà le menu d'aujourd'hui… Mais puisque tu nous as fait l'amitié de rester, ce soir encore, avec nous, et puisque tu connais Thèbes, parle-nous encore d'Hèraklès : nous n'allons pas nous lasser de sitôt d'entendre parler de celui qui nous a sauvé la vie…

Phêmios sourit.

— Ventre affamé n'a pas d'oreille ! Goûtons d'abord à vos fèves…

Elles étaient délicieuses, mais ils en eurent vite fini avec elles. Sans qu'ils disent un mot, leurs yeux montraient leur impatience à Phêmios. Il commença :

— Il était une fois…

Il y eut un murmure :

— Mais c'est un conte que tu nous fais ! Nous, ce que nous voulons, c'est l'histoire d'Hèraklès, la vraie !…

Un sourire s'esquissa sur les lèvres de Phêmios.

— La vraie, la vraie… Qui sait jamais ce qui

est vrai ? Surtout avec les histoires !... C'est quand on les raconte qu'elles sont vraies ! Qu'est-ce que vous voulez de plus ?

— Il a raison ! Laissez-le parler : l'essentiel, c'est qu'il raconte !...

— Comment ça ? Bien sûr, raconter des histoires, c'est son métier de poète et d'aède... Mais ce soir il ne s'agit pas de chanter les héros d'autrefois. Phêmios, ce qu'il nous faut, c'est ton témoignage sur un homme de maintenant : Hèraklès !...

Phêmios riait en hochant la tête, les mains ouvertes devant lui :

— Mais vous, quand vous racontez des histoires, vous n'y changez jamais rien ? Vous n'ajoutez jamais rien pour faire plus joli ?

Le cri fut unanime :

— Jamais !

Pourtant, leurs yeux riaient... Phêmios reprit :

— Alors, moi non plus !... Et je vais raconter tout simplement ce qu'on m'a raconté à Thèbes...

— Ahh !...

Ils savaient bien, parbleu, qu'il ne faut jamais croire tout à fait les poètes ou les raconteurs d'histoires, mais, si on ne leur fait pas dire pour commencer que tous leurs mensonges sont vrais, où sera le plaisir?

Et Phêmios put enfin reprendre:

— Il était une fois…

Rien ne vint plus briser le silence de ses auditeurs.

— … Il était une fois, à Thèbes, en Béotie, une jeune et belle princesse du nom d'Alcmène, qui attendait que son époux revienne de la guerre. Or, il se trouva que Zeus, en ce temps-là, voulut engendrer un fils qui serait le plus fort des mortels et débarrasserait la terre des monstres et des brigands qui rendaient la vie impossible aux hommes. Et le dieu avait remarqué Alcmène, car elle surpassait par la taille et par la beauté toutes les femmes les plus femmes, et, pour l'esprit, elle n'avait pour rivale aucune des mortelles qui aient jamais donné des enfants à un homme.

Alcmène était depuis peu l'épouse de son cousin Amphitryon. Ils n'étaient pas thébains. Ils venaient d'Argolide, tout à côté d'ici, et les plus âgés d'entre vous ont pu entendre parler d'eux…

— Oh, tu sais, interrompit Molorcos, en général, les pauvres gens comme nous sont toujours absorbés dans leur rude labeur, ils ne voient pas beaucoup plus loin que le bout de leurs champs ou des pâturages de leurs brebis… Il n'y a qu'à l'occasion des guerres… et, alors, on aimerait mieux ne pas être au courant de ces querelles de seigneurs !

— Justement !… Le père d'Alcmène était le roi de plusieurs cités. Mais son royaume fut attaqué par un peuple de pillards venus de l'autre bout du Péloponnèse : dans la guerre, tous ses fils furent tués, son bétail fut emmené par les ennemis. Il fit appel, alors, à son neveu Amphitryon pour aller rechercher ses bêtes. Quand celui-ci revint avec les troupeaux, le roi maria les deux cousins en leur confiant son royaume pour partir lui-même en guerre, venger la mort de ses fils. Mais il mit une condition à leur union : ils ne seraient mari et femme pour de bon qu'à son retour, une fois la vengeance accomplie.

Mais, comme il faisait rentrer les bêtes avec l'aide d'Amphitryon, une vache s'écarta. Amphitryon, pour la ramener, lui lança le bâton qu'il tenait à la main… Le malheur frappe souvent quand on ne l'attend pas : en atteignant la vache, le bâton rebondit sur ses cornes et vint tuer le roi sur le coup, faisant ainsi d'Amphitryon le meurtrier de son oncle et beau-père.

— J'y suis ! s'écria Molorcos, maintenant, je vois de qui tu parles : ils sont passés par ici ! C'était il y a, en effet, bien longtemps...

Mais Phêmios poursuivit :

— La loi était impitoyable, plus question de régner : la rançon du meurtre, même involontaire, était l'exil. Il fallait quitter l'Argolide... Alcmène, renonçant elle aussi à la patrie, suivit l'homme qu'elle aimait en Béotie, à Thèbes, où ils s'installèrent. Intelligente et généreuse, elle consentait encore à l'épouser, mais toujours à la condition fixée par son défunt père : ils ne seraient mari et femme pour de bon qu'une fois la vengeance accomplie ! Et qui donc aurait pu l'accomplir, sinon Amphitryon ? Si bien qu'Amphitryon partit pour la guerre, nouveau marié, mais pas encore tout à fait mari... Alcmène, jeune mariée, mais pas encore tout à fait épouse, attendait son retour.

Molorcos murmura :

— Évidemment, si notre Hèraklès est le fils de cet Amphitryon, pas étonnant qu'il soit devenu criminel, c'est une malédiction, après l'acte de son père…

Phêmios, d'un geste, lui imposa silence :

— Pas si vite, Molorcos, écoute… Le père des hommes et des dieux, Zeus, avait dans le cœur un autre projet : comment faire naître, pour les dieux et pour les hommes qui peinent, un défenseur contre les malédictions. Mais Alcmène honorait son mari plus que les femmes les plus femmes n'avaient jamais honoré le leur. Jamais elle n'aurait consenti à s'unir à un autre que lui. Alors Zeus s'élança du haut de l'Olympe en tramant dans son cœur un fin tissu de tromperies, car il était plein du désir de la femme à la belle ceinture : il prit l'aspect d'Amphitryon. Comme s'il revenait de la guerre et retrouvait enfin son épouse, après une si longue attente, il passa la nuit auprès d'Alcmène. Et tel était son désir d'engendrer le plus fort et le plus courageux des hommes qu'il fit durer la nuit trois fois autant qu'une nuit ordinaire.

À l'aube même de cette nuit-là, Amphitryon

rentra, et il reçut le prix qu'il attendait de ses exploits…

*

Quand le jour fut venu où son fils allait naître, Zeus ne se tenait plus de joie ; il s'écria :

— Écoutez-moi, tous les dieux et toutes les déesses ! Que je dise ce que mon cœur, dans ma poitrine, ordonne : dès cet instant, le premier homme de mon sang que la déesse Ilithye, qui préside aux douleurs d'enfanter, fera venir au monde régnera tout alentour sur le pays de ses ancêtres.

Mais son épouse, la grande déesse Hera, protectrice du mariage légitime et de la famille, était férocement jalouse : elle ne décolérait pas de la naissance attendue. Par en dessous, elle regardait son mari de travers et se disait dans son cœur : « Il faudra donc toujours que tu fasses régner tes bâtards sur le pays d'Argos, qui m'est pourtant consacré !… Il ne te suffit pas d'y avoir fait régner, déjà, Danaos et Persée ! »

Et, méditant de faire tomber son époux dans les pièges de l'Aberration, elle lui dit :

— Tu auras parlé pour rien, et tu n'iras pas

au bout de ta parole… Ou bien… Allons, dieu de l'Olympe, jure-moi tout de suite un inviolable serment que le premier enfant qui naîtra aujourd'hui même, en tombant entre les pieds d'une femme, régnera bel et bien sur le pays de ses ancêtres.

C'est ainsi qu'elle parla. Et Zeus n'aperçut pas la tromperie qu'elle méditait, mais il jura un grand serment – et il fit une immense erreur. Hera, sautant comme un cabri, quitta le sommet de l'Olympe. En toute hâte elle vint à Argos d'Achaïe : elle savait qu'il y avait là l'épouse fière de Sthénélos, fils de Persée, qui attendait un fils ; elle le fit venir au monde au septième mois, tandis qu'elle retardait la délivrance d'Alcmène, en retenant les douleurs. Et, portant elle-même la nouvelle à Zeus, fils de Cronos, elle lui dit :

— Zeus, père à la foudre éclatante, j'ai un mot à graver dans ton cœur : voilà qu'un grand seigneur est né, qui va régner sur les Argiens : Eurysthée, le fils de Sthénélos le Perséide : c'est ta race, il n'est pas indigne de régner sur les Argiens.

C'est ainsi qu'elle parla, et lui, une douleur profonde le frappa au cœur ! Aussitôt, il saisit Aberration par les boucles brillantes de sa tête, tant il était en colère ; et il jura un inviolable serment que plus jamais elle ne remettrait les pieds dans l'Olympe ni dans le ciel étoilé, Aberration qui trompe tout le monde ! Et, ce disant, il la lança du haut du ciel, en faisant tournoyer sa main : elle tomba bien vite au beau milieu des affaires des hommes…

Et, par la suite, il se lamentait toujours sur elle quand il voyait son fils chéri peiner dans des travaux indignes sous les ordres d'Eurysthée.

Car, peu de temps après, Alcmène mit au monde des garçons jumeaux, l'un, Iphiklès, fils d'Amphitryon, et l'autre, Hèraklès, fils de Zeus. Mais le dieu était lié par sa parole : Hèraklès ne serait jamais roi d'Argolide, il serait soumis à la domination de son cousin Eurysthée…

Enfance et adolescence

Or, la haine d'Hèra ne fut pas éteinte pour autant. Un soir – les enfants avaient huit ou dix mois –, après les avoir lavés tous les deux, et bien nourris de lait, Alcmène les plaça dans leur berceau : c'était le grand bouclier de bronze qu'Amphitryon, vainqueur, avait rapporté de la guerre. Et, en leur caressant la tête, elle leur parlait :

— Dormez, mes tout-petits, d'un sommeil doux comme le miel du Taygète... Dormez, mes deux âmes, mes beaux petits jumeaux : reposez-vous tranquillement, et arrivez tranquillement jusqu'à l'aube.

En se taisant, elle fit bouger doucement le grand berceau, et le sommeil les prit.

Les hommes et les dieux dormaient, Thèbes et l'Olympe étaient silencieux ; Hèra seule veillait, méditant le malheur d'Hèraklès. Dans l'obscure moiteur de la nuit, par les portes restées ouvertes, deux ombres souples et rampantes s'insinuèrent dans la chambre où dormaient les fils d'Alcmène : voilà que deux serpents aux crocs acérés, à la gueule écumante de venin, glissaient lentement sur le marbre du sol en se dressant alternativement. Et bientôt, ils coulèrent leurs têtes hideuses par-dessus le bord du bouclier...

Aux sifflements qu'ils émettaient, les enfants s'éveillèrent. Zeus voit tout ; il se fit une étrange lumière... Iphiklès, terrorisé par la vue des monstres, se jeta en arrière, donnant des coups de pied dans la couverture pour essayer de fuir le danger. L'autre, au contraire, fit face : Hèraklès tendit ses petites mains vers les serpents, les attrapa soudain tous les deux, juste sous la tête, et serra de toutes ses forces, tandis qu'en se débattant ils enroulaient autour de lui leurs anneaux glacés ou les détendaient brusquement pour essayer d'échapper à son étreinte.

Alcmène se réveilla la première et secoua son mari :

— Amphitryon, debout, debout ! Il y a du bruit dans la chambre des enfants ! Debout, Amphitryon ! Tu ne vois pas qu'on est en pleine nuit et qu'il y a aux murs comme une étrange aurore de lumière ?

Amphitryon se précipite, il se lève et, sans enfiler ses sandales, il saisit, au-dessus du lit, l'épée ciselée qui est toujours accrochée là. Mais voici que l'étrange lueur s'éteint dans la maison… Alors Amphitryon appelle :

— Du feu, vite ! Prenez-le au foyer ! Vite, mes serviteurs !…

Et il ouvrit les portes aux esclaves. Presque aussitôt, ils furent là avec des torches allumées, et l'on courut…

Dans la chambre, ils trouvèrent le petit Hèraklès qui riait en levant les deux mains : il y pendait les corps flasques des serpents morts qu'il venait d'étouffer. En le voyant, tout le monde applaudit et poussa des cris de joie et de soulagement, tandis qu'Alcmène prenait dans ses bras pour le rassurer le petit Iphiklès, tout raidi de peur.

Amphitryon, en recouchant Hèraklès sous la couverture blanche en laine d'agneau, comprenait que l'enfant qui avait eu peur n'était qu'un enfant d'homme, tandis que le second ne pouvait être que le fils d'un dieu !

Le lendemain, on appela le devin Tirésias : il était très vieux, et aveugle, mais il savait tous les secrets de l'univers et des dieux.

Il dit :

— Bien des femmes de Grèce, en filant leur quenouille, répéteront avec envie le nom d'Alcmène, car cet enfant-là sera un héros à la poitrine large, plus fort que les bêtes et les hommes ! Un jour, il montera dans le ciel plein d'étoiles, car son destin est d'habiter dans la maison de Zeus, quand il aura exécuté douze travaux fameux et qu'il aura laissé dans le feu de l'Oïta tout ce qu'il y a de mortel en lui.

*

— Un jour, alors… il sera l'un des dieux!

— C'est ce qu'a dit Tirésias…

— Est-ce qu'une chose pareille est possible, avec les crimes qu'il a commis et qu'il avoue lui-même?

— À toi ou à moi, impossible à envisager, ou, du moins, difficile… c'est sûr! Mais pour les dieux… Qui sait?…

À Thèbes, on racontait à son sujet une étrange histoire – je n'y crois pas trop, mais je vous la rapporte exactement comme on me l'a racontée:

«Un jour, vers l'âge où les jeunes deviennent adultes et laissent voir par quel chemin ils ont décidé d'entrer dans la vie, en se promenant dans la campagne, il vit venir vers lui deux femmes… l'une, vêtue de blanc, d'allure discrète, l'autre, vêtue d'une façon voyante, fardée, avec des chaussures très hautes et des poses qui voulaient attirer les regards. La première marchait d'un pas tranquille, mais la seconde se précipita à sa rencontre:

— Je vois, dit-elle, que tu es bien en peine de choisir la route à suivre dans ta vie! Fais de moi ton amie; ensemble nous suivrons la plus facile : de l'agrément, jamais de peine ! Tu expérimenteras tous les plaisirs, et tu ne t'occuperas de rien, ni guerres ni affaires ! Tu te demanderas seulement ce qui pourrait te faire plaisir, à manger ou à boire, à voir ou à entendre, à sentir ou à toucher… comment dormir le plus confortablement possible, et de quelle manière avoir tout ça sans peine… Pas question de travailler, tu profiteras du travail des autres !

Quelqu'un interrompit Phêmios :

— Celle-là, j'en connais plus d'un qui a dû la rencontrer !…

Phêmios sourit et reprit :

« Hèraklès, en entendant ça, demanda :

— Femme, comment t'appelles-tu ?

Elle minauda :

— Ceux qui m'aiment m'appellent Félicité. Mais ceux qui me dénigrent m'appellent Malignité.

L'autre femme s'approcha :

— Moi aussi, Hèraklès, je viens te trouver : je connais tes parents, tes dispositions naturelles et ton éducation… et tout cela me fait espérer, si tu choisis de prendre mon chemin, que tu me feras honneur.

Je ne vais pas te faire miroiter des plaisirs en préambule, mais je vais te dire sur quelle base les dieux ont vraiment établi ce qui existe. Tout ce qui est beau et bon, ils n'en donnent rien aux humains sans peine et sans travail.

Si tu veux que la terre te donne des fruits sans compter, il faut que tu travailles la terre ; si tu penses que le bétail doit t'enrichir, il faut t'occuper du bétail ; si ton penchant te pousse à chercher la grandeur dans la guerre, et si tu veux pouvoir délivrer tes amis et te rendre maître de tes ennemis, il faut apprendre l'art de la guerre auprès de ceux qui le connaissent, et il faut t'exercer à en faire usage ; si tu veux être robuste de corps, il faut habituer ton corps à se soumettre à l'intelligence et l'exercer dans les peines et la sueur.

La Malignité reprit la parole :

— Tu te rends bien compte, Hèraklès, comme le chemin va être long et difficile avant que cette femme-là te procure des satisfactions ? Moi je te conduirai au bonheur par une route large et facile !

Et la Vertu dit :

— Pauvre malheureuse, qu'est-ce que tu as

de bien ? Quel agrément as-tu dans la vie, toi qui ne veux rien faire pour l'avoir ? Tu n'attends même pas d'avoir envie de ce qui est agréable : tu t'emplis de tout par avance ! Tu manges avant d'avoir faim, tu bois avant d'avoir soif ! Pour avoir du plaisir à manger, il te faut des cuisiniers ! Pour trouver du plaisir à boire, il te faut des vins coûteux ! Et, l'été, tu cours partout pour chercher de la glace ! Pour t'endormir agréablement, tu dois avoir non seulement de molles couvertures, mais aussi matelas mou, et sangles molles par-dessous ! Tout ça, parce que ce n'est pas la fatigue qui te donne envie de dormir, mais c'est de n'avoir rien à faire !...

— Il y a du vrai, dans ce qu'elle dit ! s'exclama encore quelqu'un, y a rien de tel qu'un bon coup d'eau bien fraîche à la source, quand on a bien soif !

Elle poursuivit :

— Ce qu'il y a de plus agréable au monde à entendre, ton éloge, tu ne l'as jamais entendu ! Et tu n'as jamais vu ce qu'il y a au monde de plus agréable à voir, puisque tu n'as jamais eu l'occasion de voir quoi que ce soit de beau qui soit ton œuvre ! Alors, qui pourrait bien te faire la moindre confiance quand tu parles ? Quel individu de bon sens aurait l'audace d'être de ta confrérie ? Moi, c'est tout le contraire… Réfléchis bien, Hèraklès !

— Phêmios, tu as bien raison : moi non plus, je n'y crois pas, à ce genre de rencontre… Ça m'a tout l'air d'une fable de pédagogue, comme ils en inventent pour les enfants…

— Mais, finalement, qu'est-ce qu'il a décidé ?

— Ça, tu aurais dû le lui demander à lui, quand il était là ! Maintenant…

— En fait, j'ai idée que ça n'est pas quelque chose qui se décide une fois pour toutes : c'est un peu chaque fois, tous les jours, qu'on est obligé de se poser de nouveau ce genre de question, et de redécider…

— Oui, ben, avec tout ça, il serait temps d'aller se coucher ! La journée a été dure : nous autres, non seulement on n'est pas fatigués de ne rien faire, mais, demain, et tous les autres jours… Excuse-nous, Phêmios… J'espère que tu ne m'en veux pas ?

— Comment pourrais-je t'en vouloir ? C'est la sagesse qui parle par ta bouche, Molorcos…

L'hydre de Lerne

— Bien sûr que je l'ai déjà vu, ton sanglier!... Enfin, ton sanglier... je veux dire celui que tu cherches: Ce ne sont pas les sangliers qui manquent dans l'Érymanthe, mais celui-là, quelle bête! Un solitaire... énorme, le poil rude, avec des défenses auxquelles il vaut mieux ne pas se frotter! J'ai entendu dire, en effet, qu'il descend parfois assez bas sur les pentes, presque jusqu'aux premières maisons de Psophis. Pour sûr, il doit faire du dégât dans les champs, s'il se met en tête d'y fouir pour chercher des truffes, ou même simplement de s'y rouler !...

— Mais le problème, tu comprends, c'est surtout qu'Eurysthée – que son nom soit maudit ! – le veut vivant ! Sinon, une flèche bien placée... on n'en parlerait plus.

— J'avoue que je n'aimerais pas être à ta place : évidemment, pour la poursuite, j'aurais peut-être plus de facilité, mais ensuite, même avec quatre jambes et deux bras... Oh, je ne suis pas inquiet pour toi ! Après ce que tu m'as raconté à propos du lion de Némée...

— Oui... mais comment le forcer ?

Hèraklès réfléchissait tandis que son interlocuteur s'affairait à préparer un grand feu. D'abord, il ne faisait pas tellement chaud, à cette altitude : le mont Érymanthe culmine à près de dix-huit cents mètres. Mais surtout, il fallait cuire la viande, et ça, visiblement, c'était un problème ! Le cuisinier se redressa d'un air mi-satisfait, mi-dégoûté :

— Voilà, j'ai fait exactement comme tu

m'avais dit. Mais quelle idée!... Tu vas devoir attendre, alors que si tu mangeais cru, comme moi, ta faim serait plus vite satisfaite...

Hèraklès sourit, mais s'abstint de répondre que c'étaient, à ses yeux, des manières de sauvage de manger la viande sans la cuire. Il n'avait pas envie de froisser l'ami qui l'accueillait à son logis. Curieux logis, curieux ami... Lui, il était assis sur un rocher, près de l'entrée d'une caverne. À ses pieds flambait le feu sur lequel, maintenant, rôtissaient des viandes. Son hôte s'adressait à lui pardessus le feu qu'il dominait largement: l'homme... enfin... la bête... – comment dire? – c'était les deux en même temps... L'être tenait à la fois de l'homme et du cheval: le corps et les quatre jambes d'un cheval, mais, au garrot, ce qui s'élevait des épaules était un torse d'homme, avec tête et bras, comme si de rien n'était... bref, un centaure. Il s'appelait Pholos, et il habitait là, au flanc du mont Érymanthe, aux confins de l'Arcadie et de l'Élide.

— Pholos, mon ami, nous sommes différents, et nous avons chacun nos habitudes; je n'essaie pas de te convaincre...

— Non, non… je ne dis pas! se hâta de répliquer Pholos, qui, lui non plus, n'avait pas envie de froisser son hôte. Mais, reprit-il, tu m'as dit que c'est le troisième travail que t'ordonne Eurysthée, d'attraper vivant ce fameux sanglier. Et tu m'as raconté le premier: le lion. Alors, si je compte bien, tu as encore le deuxième à me raconter pendant que la viande va cuire…

— Ma foi, si tu y tiens…

— Évidemment, que j'y tiens, mon hôte, les histoires sont le sel de la vie.

— Eh bien, figure-toi qu'il y avait dans les marais de Lerne un monstre…

— Pas un autre lion, quand même?

— Non…

— Parce que les lions…

— … encore plus effrayant, peut-être…

— … ça n'aime pas trop se mouiller les pattes…

— … un dragon aquatique, une hydre…

— … alors, dans un marais…

— Pholos…

— Oh, pardon!… Excuse-moi, je ne t'interromps plus, promis!

Hèraklès se racla la gorge.

— Donc… la région de Lerne vivait dans la terreur d'une hydre : c'était un monstre aquatique et multiple, qui vivait là, dans les marais, au sud-ouest de Mycènes, près du bord de la mer. Elle quittait le marais pour aller décimer le bétail dans la plaine. Son corps était gigantesque, et elle avait neuf têtes de serpent. Et le pire était que si huit d'entre elles étaient mortelles, la neuvième tête était immortelle !…

« Je montai sur mon char de combat, avec mon neveu Iolaos pour cocher. L'hydre avait son repaire sur une colline, près d'une source. Pour la débusquer de son gîte, j'y lançai des flèches enflammées. Dès qu'elle sortit, je criai à Iolaos de s'écarter, et je la saisis solidement ; mais elle, elle me saisit aussi, enroulant ses anneaux affreux autour de l'une de mes jambes.

— Quelle horreur !

— Comme tu dis !… Tant bien que mal, je tirai mon épée, et, en la faisant tournoyer, j'entrepris à grands coups de faucher ses têtes une à une… Or, j'en avais déjà abattu trois ou quatre, quand un doute me vint : il lui en restait toujours autant !

— Non?...

— Attends... Je redoublai de vigueur, hachant et taillant avec rage dans le grouillement immonde... Mais on aurait dit que rien n'y faisait... Pire : j'avais l'impression que plus j'en abattais, et plus il y en avait ! L'affreuse évidence s'imposa bientôt : dès qu'une tête coupée tombait à terre, il en repoussait deux autres à sa place !

— Aïe, aïe, aïe !...

— Mais ça n'était pas fini ! J'avais à peine pris conscience de la situation que je me sentis cruellement pincé au talon : un crabe énorme était sorti du marais, pour venir au secours du monstre que je combattais !

— Pfffh ! Deux contre un !...

— Oui ! Cette fois, c'était trop ! Et n'était le secours d'Athèna la Pilleuse, je ne sais pas ce qui serait arrivé : c'est elle, pas de doute, qui m'inspira une idée ! J'appelai mon neveu :

« — Iolaos, fils d'Iphiklès ! Tu vois que le combat n'est pas égal, car la déesse Hèra m'envoie deux monstres à la fois ! Toi, cours chercher du bois dans la forêt voisine, et reviens allumer un grand feu, dépêche-toi !

« Tout en parlant, j'assénai au crabe un

coup de talon rageur qui fit craquer sa carapace, et je continuai à me débattre dans l'étreinte gluante en combattant, et à frapper l'hydre à tour de bras, mais du plat de l'épée, en me gardant bien de trancher les têtes, cette fois...

— Pourquoi ?... demanda Pholos, qui s'était laissé distraire un instant pour retourner une dernière fois les viandes qui étaient au feu.

— Mais... pour ne pas en augmenter le nombre, tant que je ne pouvais pas mettre en pratique l'idée que m'avait soufflée Athèna !

— Ah, bon.

— Tu vas voir... Dès le retour d'Iolaos, et dès qu'il eut allumé un feu, je lui criai de s'approcher le plus près possible avec une torche enflammée :

« — Maintenant, chaque fois que je vais couper une tête, aussitôt, tu appliqueras le brandon sur le cou tranché !

« À la première tête qui tomba, il tendit vivement sa torche en avant, et brûla le tronçon serpentin qui se tortillait là, et sur lequel, bientôt, il allait repousser deux têtes... Dans un grand crachement fétide et visqueux, l'horrible chair nauséabonde se rétracta et se racornit dans le feu, tandis qu'une fumée suffocante se répandait. C'était affreux à voir et à sentir... mais... victoire! il ne repoussa rien! C'est ainsi qu'un par un Iolaos brûla les moignons au fur et à mesure que j'abattais les têtes.

— Ça, alors...

Pholos était bouche bée.

— Mais la dernière était immortelle! Rappelle-toi... Elle, une fois coupée, pas question de la faire partir en fumée!... Alors, nous avons fait un trou, nous l'avons jetée dedans, et j'ai roulé un énorme rocher par-dessus, pour qu'elle ne ressorte plus jamais! Au fait, ça commence à sentir bon, ici...

Pholos s'ébroua:

— Mon cher, tu as bien mérité ton gigot. Je crois qu'il est comme tu voulais: regarde, il a encore, auprès du manche, le rose de l'aurore...

Hèraklès le saisit:

— Il est parfait! dit-il, en ouvrant des mâchoires dignes de figurer sous le mufle du lion de Némée qui couronnait son front...

De son côté, Pholos se mit en devoir de déchirer à belles dents la viande crue qui faisait son menu à lui. Et, pour un moment, la parole céda la place à d'autres bruits… «L'appétit est digne d'un héros, tout comme les exploits» se disait Pholos; et, tout haut:

— Le reste du corps de l'hydre, demanda-t-il, qu'en avez-vous fait?

Hèraklès finissait son premier gigot. Il jeta l'os négligemment par-dessus son épaule, et tendit aussitôt la main vers une épaule de mouton qui avait cuit plus lentement, un peu plus loin de la flamme…

— Oh, le reste du corps pouvait bien pourrir sur place!… Quoique, en fait, non, tu as raison: avant de partir…

Il s'arrêta soudain en fronçant les sourcils.

— Avant de partir?… relança Pholos.

— Attends, dis-moi… Ton hospitalité est généreuse et ta viande moelleuse… mais…

— Mais quoi? s'inquiéta le centaure.

— Tu n'aurais pas un coup de vin? Ça donne soif, de raconter… et, sur la viande, tu comprends…

— C'est que… À vrai dire… balbutia Pholos. J'ai bien, là, plus loin, enterrée comme il faut, une jarre de vin vieux… Mais…

Le sanglier de l'Érymanthe

Hèraklès était déjà debout.

— Où ça ?

— Ça n'est pas à moi ! Enfin... pas à moi tout seul : elle nous appartient à tous en commun.

— Qui ça, tous ?

— Les centaures.

— Et alors ?

— Alors, je ne peux pas l'ouvrir en leur absence et sans leur accord…

— Mais pourquoi ? Qu'est-ce que ça peut faire ?

— Euh… Ce ne serait pas très convenable…

— Comment ça ? Pour un hôte ?…

— Et puis, j'aurais peur qu'ils le prennent mal et se vengent.

— Non, non ! Ne t'en fais pas, je suis là, tu n'as rien à craindre. D'ailleurs, c'est moi qui vais l'ouvrir…

— Écoute, peut-être que…

Hèraklès était déjà dans la caverne, en train de faire sauter le couvercle de la jarre :

— Ahhh !… mais c'est qu'il sent bon, ce vin, dis donc !… Ç'aurait été vraiment dommage…

Pholos n'avait vraiment pas l'air d'être de cet avis ; mais il se mit en devoir de tirer d'un coffre deux coupes. Le héros les remplit en puisant dans la jarre. Tous deux versèrent à terre une première goutte en hommage aux dieux du vin, après quoi Hèraklès avala d'un trait le reste de sa coupe, tandis que Pholos buvait à petites gorgées en regardant dehors d'un air inquiet.

— Ahhhhhhh !... Quel nectar ! Une pure merveille ! s'écria Hèraklès, faisant claquer sa langue et puisant de nouveau dans la jarre. Pholos, lui, tendait l'oreille :

— Tu n'entends rien ?

— Si, les hululements des hiboux et des chouettes... au loin, du vent, peut-être, dans des gorges... Bois ! et passe-moi ta coupe, que je la remplisse !

Pholos obéit. À vrai dire, boire un grand coup ne le contrariait pas ; mais... Il fit un effort, malgré tout, pour se montrer un hôte aimable :

— À ta chasse prochaine !

Il vida sa seconde coupe ; Hèraklès en était à la troisième. Soudain Pholos éloigna la coupe de ses lèvres et tourna la tête :

— Maintenant...

— Quoi ?

— Tu n'entends toujours rien ?

— Si, vaguement, on dirait un galop, dans le lointain...

— Ce sont eux !

— Des chasseurs attardés qui rentrent... Tu les connais ?

La galopade, sans être tout à fait voisine

encore, s'était nettement rapprochée : on ne passait pas, on venait.

— Je te dis que ce sont eux !

— Qui, eux ?

— Les autres !

Hèraklès leva le nez de sa coupe :

— Pholos, tu es énervant, tu sais… Quels autres ?

— Par Zeus !… Mais les autres centaures…

Le galop résonnait maintenant tout près dans la nuit. Ils entendirent bientôt des cris :

— Pholos ! Traître ! Tu as ouvert la jarre tout seul !…

— Ah, tu bois en cachette notre vin à tous !… Tu vas voir !…

— Tu croyais que ça pourrait passer inaperçu… Ce vin-là, son bouquet a rempli la montagne !

— Voleur !…

— On doit le sentir jusqu'à Psophis !…

Et ils poussaient des cris de rage : apparemment l'odeur du vin leur montait à la tête, plus que le vin lui-même à celle d'Hèraklès !

Soudain retentirent des craquements énormes et sinistres : les centaures arrachaient des pins à quelque distance de la grotte, pour s'en faire des armes ! Presque aussitôt, les premiers apparurent dans la lueur du feu, en les brandissant au-dessus de leur tête. D'autres avaient en main des rochers qu'ils s'apprêtaient à lancer. Anchios et Agrios, les premiers, s'avancèrent... Hèraklès, d'un bond, fut près du feu. Il en tira vivement des brandons qu'il leur jeta à la tête. Effrayés par le feu, ils reculèrent, et il y eut parmi les autres un instant d'hésitation.

Voyant, du haut du ciel, ses enfants les centaures en danger, leur mère, la Nuée, envoya une pluie diluvienne. La terre en fut toute détrempée aux alentours de la grotte : cela ne gênait nullement les centaures, qui ont quatre pieds, mais Hèraklès, lui, n'en avait que deux : allez donc brandir une massue, avec les deux pieds dans la boue ! Mais le héros se saisit de son arc et de ses flèches... Bientôt, tandis que Pholos s'était réfugié au fond de sa caverne, les centaures, affolés par la pluie de flèches, cette fois, prirent la fuite.

Hèraklès, échauffé par le vin et l'ardeur du combat, s'élança derrière eux, à leur poursuite.

Ah! Pour une belle cavalcade, ce fut une belle cavalcade! Ils dévalèrent les pentes du mont Érymanthe jusqu'au fleuve du même nom; puis, dans leur fuite, ils remontèrent la vallée de l'Alphée; franchissant, à l'extrémité du Taygète, la passe qui sépare l'Arcadie de la Laconie, ils s'engouffrèrent dans la vallée de l'Eurotas, galopant à travers tout le Péloponnèse, et filant toujours plus au sud, jusqu'à ce que la terre manque: jusqu'au cap Malée, où la mer en furie dissuade les hommes d'être des marins!... Toujours, infatigable, derrière eux courait le héros Hèraklès, décochant ses traits infaillibles. Flèche après flèche, il abattit Daphnis, Argéios et Amphiôn, Hippotiôn et Oréios, il abattit Isoplès, Mélanchaïtès et Thèrèios, et Doupon, et Phrixos. Dans leur fuite éperdue, les survivants allèrent supplier le plus sage d'entre eux, Chiron, de leur venir en aide. Chiron avait beau être un centaure, comme Pholos il était l'ami des humains, et c'était un vrai sage. Hélas!... Quand Hèraklès, enivré par la poursuite et le carnage, parvint au cap Malée, où Chiron avait fixé son séjour, le centaure Élatos était en train de supplier

Chiron : suivant la coutume, il avait entouré de ses bras les genoux de Chiron. La flèche qu'Hèraklès décocha contre Élatos cloua le bras de celui-ci au genou de Chiron ! Pour punir la brute sauvage, Hèraklès a frappé le sage à travers elle ! Or, si les flèches d'Hèraklès ne manquaient jamais leur but, il y avait encore pire : leurs blessures étaient incurables, et le héros devint ainsi le meurtrier de Chiron. Le cœur navré d'avoir causé la mort d'un être noble et sage, il prit le chemin du retour vers le mont Érymanthe, en se rappelant avec amertume que, juste au moment où il avait eu soif, il était sur le point d'expliquer à Pholos ce qu'il venait lui-même d'oublier : après avoir tué l'hydre de Lerne, il avait ouvert son corps en deux pour y imprégner ses flèches de son venin et les empoisonner : depuis lors, elles étaient sans pardon.

*

— Pholos !... Pho-oolos !...

Pholos ne répondait pas. Bizarre... Hèraklès n'était plus qu'à peu de distance de l'antre de son ami, et il est toujours prudent de signaler son arrivée, de peur d'être pris pour un autre ; on ne sait jamais : un rocher ou un arbre est si vite reçu en plein crâne, si l'habitant des lieux vous prend pour un ennemi…

— Pholos !… C'est moi, Hèraklès !…

Rien. Aucune réponse. Le héros poursuivit son chemin vers la caverne, en scrutant les alentours. Il apercevait maintenant les cadavres de ses victimes. Étrange !… Il aurait juré que, devant la caverne, il n'en avait tué que deux… Or, il avait l'impression d'en voir trois. Est-ce qu'il avait mal compté ? Ma foi, dans le feu de l'action… Tout le chemin de son retour avait été jalonné par les cadavres de ses ennemis… Profitant de la mort accidentelle de Chiron, qui avait occupé son attention, quelques-uns s'étaient échappés, se dispersant aux quatre vents… D'ailleurs, il ne savait pas exactement combien de ces centaures étaient venu les attaquer, Pholos et lui. Pourtant… il aurait juré qu'à cet endroit il n'en avait tué que deux…

— Pholos ! Ah, mon pauvre Pholos !

Mais Pholos ne répondrait plus jamais à l'appel de personne… Il était couché, mort, à côté d'Anchios et d'Agrios. À terre, auprès de lui, gisait la flèche que, visiblement, il avait extraite du flanc d'Anchios. Il avait au pied droit, juste au-dessus du sabot, une de ces plaies où le venin de l'hydre accomplissait son œuvre de mort.

— Ah, Pholos… Pholos ! Qu'est-ce que tu as fait ? Ça n'était donc pas assez de Chiron !…

Mais il n'était pas difficile à Hèraklès de deviner ce qui s'était passé : Pholos, en ressortant de sa caverne, avait trouvé morts les deux centaures ; il s'était approché ; il avait retiré la flèche du cadavre du premier, pour la considérer… Le héros se rappelait la curiosité naïve de son ami : il avait dû se demander comment un objet si petit pouvait tuer un être aussi gros qu'un centaure… Et puis, à en juger d'après la plaie de son pied, la flèche lui avait échappé tandis qu'il la manipulait, et, en tombant, elle l'avait blessé mortellement lui-même !

Hèraklès, le cœur navré, se mit en devoir de faire pour Pholos la seule chose que l'on pût encore faire pour lui : accomplir les rites funèbres et lui dresser une tombe. Après quoi, force lui était bien de s'occuper enfin de ce pourquoi il était venu : chasser le sanglier.

*

L'ayant repéré, c'est à grands cris qu'il le débusqua des fourrés où était sa bauge, et il le poursuivit vers le haut des montagnes, jusqu'à l'amener à s'engager dans la neige épaisse… L'animal, d'ailleurs épuisé, se trouva immobilisé, et Hèraklès le garrotta au moyen d'une corde, et l'emporta sur son épaule, comme un sac.

À Mycènes, Eurysthée eut si peur à ce spectacle qu'il courut se réfugier dans une des grandes jarres de bronze enterrées au fond des caves du palais !

La biche de Kérynia

— Ô mon frère brillant, tireur à l'arc au loin, tu le vois, celui-là, qui court la montagne, là-bas ?

— Je le vois, ma sœur brillante… Il se sera donné une bien longue peine…

Beaux et élancés, mais solides aussi, dans la maturité de leur force épanouie, ils portaient tous deux un arc et un carquois. Épaule contre épaule, ils marchaient à pas lents sur le sommet des montagnes, passant comme un souffle parmi les nuages ; à peine si leurs pieds effleuraient l'herbe drue des pentes ; et, dans les bois, à peine s'ils brisaient, aux arbres, en frayant leur chemin, les branches basses… Elle reprit :

— Il m'offense…

— En quoi t'offense-t-il ? Il chasse, comme toi, voilà tout…

— On a décidément bien raison de t'appeler l'*Oblique* ! Tes flèches vont tout droit, mais toi, tu vas toujours de biais : même avec moi tu fais semblant de ne pas savoir… Quel plaisir ?…

— Pas de dispute entre nous ! Je sais bien que l'animal qu'il pourchasse est à toi… Mais tous les autres ?

— Cette bête-là est à moi – comme toutes les autres ! Mais celle-là, justement, ne devrait pas être chassée. Et il la chasse ! comme une brute qu'il est !… J'ai tort de dire qu'il chasse, il n'y comprend rien : c'est un tueur, rien d'autre… Une montagne de muscles, sans finesse !

— Tu le sais, il n'est pas maître de son destin.

— N'empêche, il m'offense... Qu'il tombe – comme eux tous – dans le piège de son destin n'y change rien.

Elle souriait. Mais il y avait de la férocité dans son sourire. Il reprit :

— C'est toi, maintenant, qui vas en oblique, comme lorsque tu veux quitter les voies du gibier que tu pistes pour aller t'embusquer plus loin, en lui coupant la route... Tu sais bien qu'au bout de son destin il sera l'un des dieux, mais que son lot, à lui, est d'affronter d'abord une vie de travaux et d'épreuves... Lui, il n'est pas dieu de naissance, et sa divinité, il doit la gagner durement !

— Ça !... Un dieu !... Une bête brute, oui !... Un belle bête, d'ailleurs... Mais...

— Quand tu as trouvé, autrefois, sous les futaies de Kérynia, ces cinq biches merveilleuses, encornées d'or, et que tu n'as pas voulu les tuer, tu n'en as pris que quatre pour les atteler à ton char... La cinquième, ne l'as-tu pas laissée pour lui ?

— Par la volonté d'Hèra, non par la mienne !

Je l'ai laissée pour que sa prise constitue l'un des travaux de cet Hèraklès…

La poitrine de la belle chasseresse vierge et farouche se gonflait d'une respiration plus ample et plus rapide, les ailes de son nez palpitaient… Mais, au fond de son œil, ce qui brillait n'était pas de la cruauté, c'était l'attention aiguë du prédateur à toute proie possible, comme dans le regard que posent les uns sur les autres les animaux sauvages.

— Et je l'ai conservée pour lui… si bien qu'en la chassant il accomplit ce qui doit s'accomplir… Mais pourchasser un animal sacré est tout de même un sacrilège !… Et moi, je pourrais bien le chasser, lui…

— Mais ce n'est pas logique !

— Toi, l'*Oblique*, tu viens me parler de logique ? Toi dont les oracles rusent immanquablement avec la vérité ? Depuis quand sommes-nous tenus à la logique ? Ne faut-il pas punir le sacrilège ? Ou à quoi bon, alors, être déesse ?

— Et n'es-tu pas libre, aussi bien, de ne pas le punir ?

Elle n'écoutait pas. Elle souriait de nouveau : ses dents très belles accrochaient le soleil…

— Mais, surtout… quelle belle pièce de gibier il ferait !… Belle bête !… et qui vaudrait bien une flèche !…

Il rit :

— Ô Maîtresse des bêtes, lui, c'est un homme !…

— Qu'est-ce que les humains, sinon des animaux qui se sont mis à parler, à penser ?… D'ailleurs, le plus souvent, ils le font si mal !…

— Et nous autres, dieux, que sommes-nous d'autre que ce qu'ils disent de nous dans leurs contes ?

Elle poussa un soupir.

— Mon brillant frère, tu es un entortilleur de paroles, et tu m'ennuies !… Un an ! Voilà un an que dure la poursuite ! À travers les montagnes et les vallées, sans jamais se lasser ni se décider à tirer sur elle ! En tout cas, il est temps que cela finisse…

La biche merveilleuse aux cornes d'or venait de s'arrêter, fatiguée par la longue traque, au bord d'une rivière.

— Regarde, il gagne du terrain !

Dans le lointain, là-bas, l'animal s'apprêtait à franchir la rivière Ladon ; Hèraklès approchait, en tirant de son carquois une flèche.

Le dieu sentait vibrer dans l'épaule et le bras de sa sœur, contre lui, l'ébauche du geste qu'elle ferait pour prendre l'arc… Il posa la main sur son bras :

— C'est une vraie flèche de chasseur qu'il a taillée tout exprès… et non pas une de celles dont il a trempé la pointe dans le venin de l'hydre de Lerne.

— Je sais.

La flèche partit en sifflant. Elle ne fit qu'effleurer l'animal magnifique. Un peu de sang parut au défaut de son épaule, et la biche trébucha, puis tomba. La fatigue avait raison d'elle, bien plus que la blessure, car celle-ci était légère. Mais en quelques bonds Hèraklès fut auprès d'elle et il l'entrava.

*

Il portait bien calé sur ses deux épaules son lourd fardeau vivant. C'est en débouchant d'un sous-bois dans une petite clairière qu'il les trouva soudain devant lui. Il n'avait rien vu, rien entendu, rien senti ni rien deviné.

Ils étaient là. Deux. Armés. Ils avaient l'arc à l'épaule; ils n'avaient peut-être pas de mauvaises intentions, mais lui s'était laissé prendre de court! Chargé comme il l'était, impossible de prendre son arc et de se mettre en défense assez vite. Il leur cria de loin:

— Étrangers, je vous salue! Êtes-vous en voyage, ou en chasse? Vous le voyez, moi, j'ai fait bonne chasse...

— Salut à toi aussi... Oui... en effet, ta chasse a été bonne, on dirait...

Est-ce qu'ils allaient s'en prendre à lui pour lui voler sa prise? Mais... mais!... Il ne l'avait pas remarqué tout de suite: l'un des deux était une femme! Grande et belle, et solide!... S'ils avaient été seuls, il aurait volontiers déposé son fardeau pour lutter avec elle!... Mais elle avait l'air d'être capable de se défendre... et de temps en temps son doigt faisait vibrer la corde tendue de son arc, à son épaule. Et puis, son compagnon avait l'air de taille, aussi, à être un redoutable adversaire...

— C'est la biche sacrée d'Artémis-Phoïbè, la biche à la ramure d'or, que tu portes là, étranger! Nous autres, les gens du pays, nous l'évitons soigneusement, quand nous la rencontrons. Toi, qui es-tu pour t'attaquer à elle?… Sacrilège, tu ne crains donc pas les dieux?

Les muscles d'Hèraklès se tendirent sous l'injure. Ils s'étaient arrêtés à quelque distance; ni l'un ni l'autre n'avait fait le moindre geste d'hostilité. Le ton, pourtant, n'était pas celui de la courtoisie, mais de l'autorité…

— Seriez-vous des dieux qui vivent pour toujours? Qui es-tu, toi qui m'interroges de cette façon?

— Je suis quelqu'un, apparemment, qui voit plus loin que toi!…

Manifestement, la réponse était faite pour laisser planer le doute. Or, il est bien connu que les dieux se promènent… D'ailleurs, il ne faut pas se disputer avec les voyageurs de rencontre, quand ils peuvent saisir leurs armes les premiers… Il valait mieux s'expliquer:

— L'animal est vivant, seulement épuisé de fatigue et blessé… Et si quelqu'un est sacrilège, n'est-ce pas celui qui a ordonné la chasse, et non celui qui l'a exécutée? C'est l'oracle même d'Apollon qui me contraint à servir Eurysthée…

L'homme, en face de lui, sourit. La femme grande et belle cessa de jouer avec la corde de son arc ; elle n'avait rien dit, mais sa bouche à elle aussi s'ouvrit soudain sur ses dents, éclatantes comme celles d'un carnassier. D'un mouvement de tête, elle entraîna son compagnon, et ils s'enfoncèrent dans l'épaisseur des taillis.

Hèraklès restait pétrifié au beau milieu de la clairière : son pas !... Aucun doute ! Sa marche était bien trop légère pour une mortelle : le pas révélait la déesse !...

Comment n'avait-il pas compris ? Il avait cru voir des voyageurs... Et c'était le dieu à l'arc, Phoïbos-Apollon en personne ! Et elle... archère, elle aussi, c'était sa sœur jumelle Artémis, la vierge chasseresse, la maîtresse des fauves et de toutes les bêtes sauvages des montagnes et des forêts !...

91

Les oiseaux du lac Stymphale

— Alors, tu as vu Artémis et Apollon ?

— Comme je te vois ! Et pas seulement eux…

— Tu as vu d'autres dieux ?

— Athèna, quand j'ai chassé les oiseaux du lac Stymphale…

— Le lac Stymphale d'Arcadie, à cinq jours de marche d'ici ?

— Cinq jours pour toi, petit, moi, je marche plus vite...

— Oh, raconte-moi ça aussi, je t'en prie !

— Bon, mais après, nous irons voir Augias, hein ? Parce que... je suis très content d'avoir fait ta connaissance : tu es un jeune homme sympathique... Mais moi, c'est pour voir ton père que je suis venu dans ce pays-ci !

— Bien sûr, c'est convenu : je vais te mener chez lui. D'ailleurs, il n'y a qu'à partir tout de suite : tu raconteras en marchant.

— Allons-y ! Les environs du lac Stymphale – avec la ville, au bord du lac – étaient infestés d'oiseaux voraces. Je ne sais pas si tu es allé à Stymphale, déjà ?...

— Jamais... Je ne suis encore jamais sorti d'Élide.

— Eh bien, figure-toi que le lac et la ville sont tout environnés de forêts profondes. Elles servaient de refuge à d'innombrables oiseaux qui avaient peur des loups. Mais, dès qu'ils en sortaient pour se nourrir, c'était une vraie plaie pour les champs d'alentour.

« Comment faire pour débarrasser la région de ces milliers d'oiseaux ? Tu comprends, ils étaient beaucoup trop nombreux pour qu'il soit possible d'en venir à bout à coup de flèches : on a beau tirer vite, il faut changer de flèche ; et il vient toujours un moment où il faut ramasser les corps, ne serait-ce que pour récupérer les flèches !...

— Ma foi, j'aurais sans doute été bien embarrassé !

— Eh bien, à vrai dire... moi aussi, je l'étais... C'est alors que j'ai reçu le secours de la déesse Athèna. Elle m'apporta de la part du dieu Hèphaïstos une crécelle de bronze qui faisait un bruit épouvantable !

— Une crécelle ? J'en avais une, quand j'étais tout petit !

— Alors, je plains tes parents !... Mais celle dont je te parle n'était pas un jouet d'enfant : elle était énorme, il fallait être costaud pour la faire tourner !... Et puis, elle était en bronze... C'est très lourd, le bronze... mais surtout, je ne sais pas au juste comment la chose se fait – la déesse le sait sans doute, elle, puisque c'était son idée –, les oiseaux ne pouvaient pas supporter son bruit. Tu as dû faire l'expérience : il y a des bruits beaucoup plus pénibles que les autres, et il y en a même qui nous semblent insupportables, absolument.

« Apparemment, c'était le cas du bruit de la crécelle pour ces oiseaux-là. Installé sur une colline dominant le lac, je l'ai agitée d'une façon rapide et régulière ; et bientôt, en effet, les premiers se sont envolés en poussant des cris affreux : d'abord, des champs, et puis de la forêt… Bientôt, c'était un nuage qui obscurcissait le ciel ! Et il fallait toujours faire virer la crécelle, sans quoi, tu penses bien, j'en aurais fait un carnage !… Dans le bruit infernal des ailes et des cris, qui s'ajoutait au bruit de ma crécelle, les oiseaux par milliers prenaient la direction du nord, vers le pays des Scythes ! J'en avais la tête qui tournait… mais, toujours, c'était la crécelle qui devait tourner !

« Quand le ciel commença de se découvrir, quand ce fut la fin du nuage, abandonnant la crécelle, je saisis mon arc et mes flèches… Trop tard : même les derniers étaient trop loin !… Mais je ne regrettais rien : grâce au secours de la déesse, j'avais réussi à faire ce qu'il fallait. Pour le reste, bon vent ! Que les oiseaux et les Scythes se débrouillent entre eux !…

« Oh, mais qu'est-ce que c'est ? Là-bas… On dirait des enclos immenses…

— Eh bien… Ils appartiennent à Augias, mon père… Réjouis-toi, puisque c'est lui que tu veux voir. Nous approchons : d'ici une heure ou deux, nous y serons…

— Une heure ou deux ? Tu veux dire que ses enclos sont longs d'une ou deux heures de marche ?

— Ma foi… oui, plus ou moins… et plutôt plus que moins… J'ai abrégé le temps parce que je te vois marcher vite… Mais ce ne sont que les enclos, les pâturages, eux, s'étendent sur plusieurs journées.

— Phyleus, mon jeune ami, je suis heureux du hasard qui nous a fait nous rencontrer, car j'ai de plus en plus envie de faire la connaissance de ton père.

Le nettoyage des étables d'Augias

— Ainsi, tu es de Tirynthe ?… et tu viens en Élide admirer ma richesse ?

— Admirer ta richesse, ô roi, et te proposer un marché.

— Quel marché pourrait m'intéresser ? J'ai tout ! des femmes, des enfants, des palais, des trésors, des esclaves… et des vaches, des vaches, des vaches... Tu l'as vu, mes troupeaux, comme des nuées chargées d'eau poussées par le Notos, emplissent l'horizon! De quoi pourrais-je avoir besoin?

— Ta renommée est grande, jusqu'en Argolide; et mon cœur se réjouit avec toi de ta richesse, Augias... Pourtant j'ai entendu dire que, par leur abondance même, certaines de ces richesses finissaient par te causer de l'embarras...

— Hmm? Qu'est-ce que tu veux dire?

— Que, justement, le nombre immense des têtes de bétail qui peuplent tes enclos ou parcourent la terre d'Élide a empêché jusqu'ici tes serviteurs de nettoyer les parcs et les étables et d'enlever les déjections des bêtes, au point que la puanteur, certains jours, en est insupportable...

— Tu trouves que ça sent mauvais, ici? Dis-le franchement!...

— Non, mais le vent, aujourd'hui, est plutôt favorable...

— C'est vrai que par vent d'ouest!... Enfin, euh... Où veux-tu en venir, au juste?

— On dit même que tu pourrais manquer un jour de terres à cultiver, tant le sol est couvert d'une quantité monstrueuse de bouse et de sanies.

— On dit… on dit… Il y a toujours des envieux qui ont la langue trop longue !

— Tu dis bien vrai : c'est une engeance dont les dieux devraient purger la terre ! Mais les dieux ont leurs desseins… Laisse-moi t'exposer le mien.

— Je t'écoute.

— Voilà : me donnerais-tu le dixième de tes troupeaux…

— Le dixième de mes troupeaux ?! Tu es fou !… C'est énorme !

— Attends… Le service que je peux te rendre est énorme aussi.

— Une bête sur dix !… Quelle folie as-tu en tête ? Voyons…

— Si tu me donnes le dixième de tes troupeaux…

— Tu es complètement fou…

— Attends, laisse-moi dire…

— Vas-y.

— Je te propose de nettoyer en un jour tes parcs et tes étables.

— Ah ! Ah ! Ah ! J'avais bien deviné que tu étais fou, étranger ! Personne au monde, sauf un dieu – et encore ! –, ne pourrait accomplir une tâche pareille !... Viens, n'en parlons plus : passons à table et buvons... Tu m'as mis de joyeuse humeur. En un jour ! Nettoyer toute cette... Ah ! Ah ! Ah ! C'est trop drôle ! Sur ton dos ? Je t'y vois... Tu n'as pourtant pas l'air du genre de personne à qui l'on confie d'habitude ce type de travail !... Enfin, si c'est ton goût... Non, soyons sérieux : crois-moi, il vaut mieux boire et banqueter !

— Personne n'a jamais été plus sérieux que moi. Je te le dis et je te le répète : en échange d'une tête sur dix de ton bétail, je peux nettoyer tes étables et tes enclos de tout leur fumier.

— Tu fais le fanfaron ? Très bien : je te prends au mot ! Fais-le, et tu recevras en paiement ce que tu demandes. Ah ! Ah ! Ah ! Je suis bien certain que je ne risque pas d'avoir à te payer !...

— Bien ! Nous pouvons, si tu veux, passer à table ; demain, à pareille heure, tu seras satisfait : tout sera fini.

*

— Que vas-tu faire de ta promesse impossible à tenir ? Prends garde, mon père a un caractère altier : il se peut qu'il te tienne rigueur de tes promesses quand il sera bien clair que tu ne pourras pas les tenir…

— Et qui te dit que je ne les tiendrai pas ?

— Mais comment ? La chose est impossible !… Même quelqu'un de plus vigoureux que toi n'en viendrait pas à bout ! Et puis… ce n'est pas le travail d'un prince ! Tu ne vas pas remplir une tâche d'esclave ?…

— Pour l'instant, l'heure commande le sommeil : demain, tu verras…

Phyleus, sans insister, se retira, en laissant Hèraklès à son repos.

*

Or, il y avait en Élide, traversant les terres d'Augias, deux fleuves au cours impétueux, dont les hommes et les bêtes redoutaient les crues. Quelle que fût la saison, ni l'un ni l'autre n'était jamais à sec, car ils étaient alimentés par les sources nombreuses des hautes montagnes proches. Au printemps, quand fondaient les neiges, leurs flots étaient particulièrement abondants, et ils renversaient tout sur leur passage.

L'aube à peine levée, Hèraklès se mit à l'ouvrage : sans se préoccuper le moins du monde des étables et de leur fumier, par un travail de géant, bien digne d'un héros, il détourna le cours des deux fleuves, de manière à les faire couler à travers les enclos qu'il fallait nettoyer. En quelques heures, les fleuves eurent tout emporté. On voyait de nouveau la face de la terre, au lieu des ordures qui la souillaient depuis si longtemps : délivrée, elle respirait de nouveau…

*

— Ah, traître, comment as-tu osé prétendre que tu voulais me rendre service, alors que tout ce que tu as fait, tu ne l'as accompli que sur l'ordre de ton maître, Eurysthée ? Depuis quand les esclaves ont-ils droit à un salaire ?

— Père ! Père !… Calme-toi ! Notre hôte nous a pourtant véritablement rendu service !… Que nous importe ce qu'il doit à d'autres, si nous, nous lui devons de la reconnaissance, pour avoir libéré nos terres du fumier qui les empoisonnait ?

— Tais-toi ! Tu n'es qu'un enfant ! Tu n'as rien à voir là-dedans ! C'est moi qui décide, ici, et jusqu'à nouvel ordre !…

— Roi Augias, nous étions pourtant convenus que, si je nettoyais tes étables, tu me donnerais le dixième de tes troupeaux ! Eh bien, ne les ai-je pas nettoyées, avec tous les parcs à bestiaux d'alentour ?

— Tu les as nettoyées, mais je ne te dois rien, puisque ce n'est pas pour mon service que tu l'as accompli : va réclamer ton salaire à Eurysthée ! Qu'il te paie, s'il l'estime juste, puisque c'est lui qui t'emploie !... Moi, d'ailleurs, en fait, je ne t'ai jamais rien promis, puisque je n'ai jamais cru que tu arriverais à tenir ton engagement !... Pour qu'il y ait promesse, il faudrait qu'il y ait conscience claire des termes du contrat... Or, tu n'as jamais dit par quel artifice tu comptais t'y prendre ! Et, d'une certaine façon, tu m'as soutiré mon accord parce que je croyais à une plaisanterie ! Va-t'en, je ne te dois rien !

— Ô roi, rien n'est pire que le manque de parole ! Tu méprises les dieux en ne me donnant pas mon dû ! Car enfin, tes étables sont-elles enfin purifiées, ou non ? Tes parcs à bestiaux sont-ils débarrassés des ordures qui les empuantissaient, ou non ? Tes terres peuvent-elles de nouveau accueillir des cultures, ou non ? Sois juste ! Zeus regarde la façon dont se conduisent les rois…

— Écoute, prenons des arbitres pour dire, entre toi et moi, ce qui est juste…

— Ah, je veux bien… Car nul ne pourra dire que ce qui est n'est pas et que ce qui a été accompli ne l'a pas été !…

*

— Alors, mon père lui a dit : « Fais-le, et tu recevras en paiement ce que tu demandes. »

— Phyleus, mon fils, comment oses-tu ?…

— Mon père, comment pourrais-je dire le contraire, puisque j'ai été témoin de ce qui s'est dit entre vous ?

— C'est une infamie de témoigner contre son père !

— C'est une infamie de témoigner contre la vérité !

— En vérité, je suis bien bête de me soumettre à toutes ces simagrées ! Qui donc connaîtrait la justice mieux que le roi ? Ça suffit ! En voilà assez ! La séance est levée ! Vous, les juges, rentrez chez vous… Et toi, fils ingrat, je te bannis de mon royaume et de ma présence : va-t'en ! Quant à toi, étranger, qui, sous prétexte d'offrir tes services, es venu semer la zizanie entre le père et le fils… quitte mon royaume, et n'y remets jamais les pieds, ou bien il t'en cuira ! M'as-tu compris ?

— Je t'ai compris… Mais tu commets une injustice ! Pire encore qu'une injustice, tu commets une lourde erreur… Peux-tu t'imaginer que quelqu'un de ma sorte s'accommodera de se voir ainsi chassé, après t'avoir rendu un service capital, et, surtout, après les engagements que tu avais pris ? Tu es bien imprudent…

— Imprudent ?… Oserais-tu me faire des menaces ? Mais pour qui te prends-tu ? Et sais-tu qui je suis ? Va-t'en, je te l'ai déjà dit, et ne reparais jamais devant moi !

*

— Il a osé demander un salaire ? Hèraklès, mon esclave !… Car, par la volonté d'Hèra, et par l'oracle d'Apollon, il est mon serviteur et mon esclave ! Quelle insolence inouïe ! Que m'importe qu'il ait réussi à accomplir sa tâche, s'il ne l'a pas fait pour m'obéir ? Qu'il s'arrange donc pour toucher le salaire convenu ! C'est son problème… Qu'il fasse commerce de sa force, s'il veut ! À moi, il me la doit pour rien, en vertu de la volonté des dieux !

C'est ainsi que parla Eurysthée, en apprenant ce qui s'était produit chez Augias. Sa colère était grande, en proportion, comme il arrive souvent, de son indifférence à tout sentiment de justice.

Le taureau de Crète

Du temps où Hèraklès affrontait les épreuves que lui imposait Eurysthée, le roi Minos régnait en Crète, dans son palais de Cnossos.

Il n'avait pas toujours régné seul sur la grande île qui forme une sorte de prolongement naturel du Péloponnèse, et fend en deux cette région de la Méditerranée… Il y avait eu un temps –pas si lointain – où il y partageait la royauté avec ses frères. Désireux de les convaincre de lui céder leur part d'autorité, il avait invoqué les dieux:

— Ô puissant seigneur Poséidon, dieu de la mer et des eaux, fais sortir de ton empire un signe, afin de montrer à mes frères que la volonté des immortels est que je règne seul désormais. Si c'est un être vivant que tu envoies, je le sacrifierai en ton honneur!…

La foule était immense, assemblée sur le bord de la mer pour écouter prier celui qui n'était que le tiers d'un roi. Au premier rang se tenaient ses deux frères, Sarpédon et Rhadamante, qui refusaient de se sentir moins rois que lui. Il s'en fallait de bien peu que la rumeur énorme qui montait d'un si grand nombre d'hommes ne couvre l'éternel mugissement balancé des houles.

Or, on ne sait comment, un étrange silence gagna, peu à peu, toute la grève. Toutes les têtes étaient tournées vers le large, et tous les yeux fixés sur le scintillement plombé des vagues… Et voilà que bien loin, presque sous l'horizon, sans qu'il y eût au ciel un seul nuage, il se fit comme une ombre sur la mer, comme une tache mate au milieu de l'éclat. Les yeux froncés à l'extrême, dans la lumière épouvantable du milieu du jour, les uns cherchaient en l'air, en vain, la moindre trace, les autres ne quittaient pas le halo, insensiblement, qui semblait glisser vers le rivage. Tous retenaient leur souffle en frissonnant d'horreur à l'approche du divin. Mais, dans le silence devenu total, on s'aperçut bientôt que tout rentrait dans l'ordre : le scintillement renaissant absorbait doucement ce qui n'avait dû être que l'illusion d'un instant… Un soupir affaissa les poitrines.

Soudain, ce ne fut qu'un seul cri : une gerbe d'écume venait de jaillir à l'endroit même où l'illusion s'était évanouie. Un immense bouquet d'irisations et de blancheur, à peine retombé rejaillissant plus haut, ne laissait plus de doute : irritation ou bienveillance, le dieu avait répondu à la prière de Minos. On distingua bientôt, parmi l'écume, le mufle puissant d'un taureau, et, comme les bras d'une lyre, la courbe harmonieuse de ses cornes.

Les vagues s'écartaient devant sa nage rapide, puis revenaient l'environner, mais leurs rouleaux n'étaient plus que l'hommage de la mer à la vivante manifestation de la volonté des dieux : le puissant taureau blanc à la robe éclatante apportait la toute-puissance royale à Minos.

*

— Tu comprends, expliquait-il à son hôte, il était si beau que je ne me suis pas senti capable de le sacrifier… j'ai manqué à ma promesse. J'ai sacrifié à Poséidon le plus beau taureau de mes élevages, mais il était loin de valoir celui-là ! Lui, je l'ai envoyé parmi mes troupeaux, avec l'espoir qu'il les enrichirait d'une progéniture aussi belle que lui !… Hélas !… Quel fou j'étais ! Comme si l'on pouvait ruser avec les dieux ou les traiter à la légère… Poséidon a rendu son taureau fou furieux, et lui a fait souffler du feu par les naseaux ! Brisant les liens et les enclos, il s'est échappé, renversant tout sur son passage. Depuis lors, il parcourt le pays, et fait partout des ravages. À coups de cornes il a étripé comme des chiens tous ceux que j'ai envoyés pour tenter de le maîtriser, et son souffle incendie les récoltes…

« Je ne sais plus que m'incliner devant la colère de Poséidon. C'est le châtiment de mon parjure : je ne suis roi que pour le malheur de mon peuple…

Hèraklès réfléchissait. Décidément Eurysthée ne l'avait pas envoyé en Crète pour une tâche plus facile que les précédentes : un taureau furieux n'est pas un mince adversaire, surtout quand un dieu irrité l'aiguillonne !…

Minos reprit :

— Tu es donc le bienvenu. Et nous bénissons notre cousin Eurysthée d'envoyer à notre secours un héros tel que toi ! S'il ne s'agissait que d'abattre la bête, ce serait fait depuis longtemps, car les Crétois sont de bons archers, tu le sais… Mais tu sais aussi qu'il serait sacrilège de tirer sur un animal consacré : on peut le sacrifier, pas le chasser… Ce serait nous exposer à un redoublement de la colère divine !

Hèraklès approuvait pensivement :

— Donne-moi des rabatteurs, que je puisse l'acculer dans un endroit fermé, ensuite, j'en fais mon affaire !

— Ah, non!... Tu ne dois pas compter sur mon aide! J'ai compris que je ne dois plus rien entreprendre: ma simple collaboration attirerait sur toi la colère du dieu. Et puis, trop de mes serviteurs sont déjà morts en affrontant le monstre magnifique: c'est assez de malheur pour nous!...

« Non, un lutteur comme toi, un étouffeur de lion, peut bien se tirer d'affaire tout seul! Rends-toi maître de l'animal, emmène-le en Argolide: Eurysthée sera satisfait... Ne demande rien de plus!

*

Quand il eut trouvé la trace du taureau en suivant les dégâts qu'il faisait à travers le pays et les indications des habitants terrorisés, Hèraklès choisit, pour l'approcher, un moment où il était en train de paître. Il eut grand soin de se placer au vent, pour lui faire sentir l'odeur de la peau du lion de Némée, qu'il portait en guise de cuirasse... L'animal, aussitôt, releva la tête et poussa un long beuglement. Faisant glisser la peau du lion de ses épaules, Hèraklès s'avança en l'agitant à deux mains devant lui, de manière à fixer sur elle l'attention de la bête. Le taureau, immobile, abaissa lentement la tête, puis la releva. Il se mit à heurter la terre du sabot, arrachant au sol l'herbe maigre qui le couvrait. Le héros, pas à pas, marchait droit vers lui. Soudain, crachant le feu par les naseaux, le taureau pointa en avant ses cornes redoutables et s'élança. Hèraklès s'immobilisa. La terre tremblait sous la charge, et le sol résonnait sous le choc des sabots comme un tambour de guerre. Hèraklès ne bougeait pas. Quand le taureau fut sur lui, évitant d'un coup de rein les cornes, il fit voltiger bien haut la peau du lion.

Il fatigua ainsi durant un long moment le lourd animal qui revenait inlassablement s'attaquer au leurre que lui tendait le héros.

Enfin, quand il lui sembla que les charges se faisaient moins fréquentes et moins résolues, d'un geste large il jeta la peau de lion bien loin et resta face au taureau les mains nues. L'animal resta perplexe un instant ; il avait failli s'élancer vers le vol plané de la peau, mais ce fut, pour finir, vers l'homme qui le harcelait maintenant de cris.

Dans le tonnerre de la galopade, le héros regardait les deux cornes baissées qui venaient droit sur lui. Un infime instant avant qu'elles ne le transpercent, il se jeta en avant, et, en les saisissant à pleines mains, il voltigea par-dessus le taureau en plein élan, de manière à retomber sur le dos de celui-ci. Là, il se retourna prestement. Dès que l'animal eut compris, il se mit à ruer et à sauter en tous sens pour se débarrasser de ce cavalier importun.

Mais, bientôt, Hèraklès se laissa glisser à terre sans cesser de tenir fermement les cornes de la bête, lui tordit l'encolure, et, se dégageant vivement, le renversa sur le flanc. Du mufle, immobilisé vers le ciel, jaillit un beuglement furieux et lamentable : l'animal était dompté.

*

On dit que c'est porté sur le dos même du grand taureau blanc, nageant à travers la mer de Crète, qu'Hèraklès regagna le Péloponnèse.

Là, Eurysthée aurait entrepris d'offrir l'animal en sacrifice à Hèra, mais la déesse irritée aurait refusé d'agréer une offrande qui lui venait, en quelque manière, d'Hèraklès. Et le taureau sacré fut relâché… Errant à travers la région de Sparte et l'Arcadie, il finit par franchir l'isthme de Corinthe, et, parvenu en Attique, il recommença dans la plaine de Marathon à faire les mêmes dévastations qu'en Crète auparavant !

Ce fut le tour d'un héros athénien, nommé Thésée, d'en débarrasser le pays. Mais c'est une autre histoire…

Les juments de Diomède le Thrace

Dans la lointaine Thrace, aux confins nord de la Grèce, régnait sur le peuple belliqueux des Bistones un fils d'Arès, nommé Diomède. Il avait dans ses écuries quatre juments féroces qu'il tenait attachées par des chaînes de fer et nourrissait de chair humaine, dans des mangeoires de bronze : il y faisait jeter des victimes ligotées, et, tandis que ses juments les dévoraient, il se plaisait à entendre craquer les os.

Eurysthée ayant donné l'ordre à Hèraklès d'aller s'emparer des juments anthropophages, le héros, cette fois, organisa une véritable expédition maritime, car c'était un long voyage de s'en aller d'Argolide jusqu'en Thrace… bien plus long que de gagner la Crète ! Et il ne s'agissait plus d'aller rendre service à un roi bienveillant. Il s'agissait de lancer une razzia chez un peuple guerrier gouverné par un roi cruel !

Hèraklès rassembla des compagnons qui se portaient volontaires. Mais pas question de débarquer directement chez les Bistones : on s'en vint prendre terre à l'ouest de leur cité, près de l'embouchure d'un fleuve. Une fois le navire tiré au sec, on creusa un fossé pour y faire entrer l'eau de la mer, et disposer d'un camp plus facile à défendre en cas de besoin. Le soir venu, on se garda bien d'allumer le moindre feu, pour ne pas attirer l'attention…

Avant même que l'Aurore aux doigts de rose ait commencé à faire pâlir la nuit, Hèraklès et ses compagnons firent irruption dans les écuries. Tandis que les uns égorgeaient les sentinelles et massacraient les palefreniers surpris dans leur sommeil, d'autres brisaient les chaînes qui retenaient les juments. Ils les poussèrent aussitôt vers leur camp.

Or, malgré la manœuvre d'encerclement des écuries exécutée pour que nul ne s'échappe, il y eut pourtant un rescapé qui courut donner l'alarme.

*

— Et toi, bon à rien, pourquoi n'es-tu pas mort ?

Le garçon tremblait de tous ses membres. Il n'est jamais très confortable d'apporter les mauvaises nouvelles, surtout à un roi comme Diomède.

— C'est… c'est que… je… je n'étais pas avec les autres.

— Tiens donc ? Pourquoi ça ? Où étais-tu ?…

— Il… Il faisait chaud, et… j'étais allé dormir dehors.

— Qu'est-ce que tu me racontes ? C'est toi qu'ils auraient égorgé le premier !

— J'étais dans un arbre, un platane, à la

fourche de deux grosses branches. Tout à coup je me suis réveillé : j'entendais en bas des frôlements et des chuchotis. Ils étaient bien une trentaine... Je ne pouvais pas descendre : ils m'auraient attrapé...

— Je veux bien croire que ça n'aurait pas été très difficile !

— Je suis resté dans l'arbre tout le temps. J'ai entendu des cris étouffés et le bruit des chaînes qui se rompaient, et puis le piétinement des hommes et des chevaux vers la mer...

— Ils venaient de la mer ?

— Je ne sais pas s'ils en venaient, ô roi, mais je les ai vus repartir dans cette direction-là.

— Bon... file, morveux ! Et vous autres, aux armes ! Rassemblez vos hommes et suivez-moi ! Il faut rattraper ces pirates avant qu'ils ne rembarquent !...

*

« Déjà ! » murmura pour lui-même Hèraklès en voyant accourir les trois hommes qu'il avait laissés en arrière-garde. Puis il les interrogea :

— Alors, l'alerte est donnée ? Nous sommes poursuivis ?

— Oui, et par le roi Diomède lui-même, à la tête d'une bonne centaine d'hommes !

— Il ne faut pas qu'ils arrivent jusqu'au bateau ! S'ils y mettaient le feu, nous ne pourrions pas repartir, ou bien, par voie de terre, il nous faudrait toujours craindre les embuscades et les poursuites… Comment sais-tu que c'est le roi ?

— Tu nous avais décrit son grand bouclier, avec les signes qui sont peints dessus !

— C'est vrai… Allons, ne perdons pas de temps ! Abdèros, mon ami, tu vas rester ici avec les juments. Douze hommes vont remettre le navire à l'eau, pour que nous puissions nous rembarquer rapidement, en cas de besoin. Moi, je vais retourner en arrière avec les autres pour arrêter Diomède et les Bistones.

Ce fut une terrible bataille, car les Bistones étaient de redoutables guerriers. Pourtant, même obligés de se battre à deux ou trois contre un, Hèraklès et ses compagnons étaient à la hauteur… Peu à peu, Diomède vit fondre ses effectifs autour de lui. Il engagea lui-même le combat contre Hèraklès, mais ses hommes le virent bientôt succomber sous les coups du héros. Leur roi mort, les Bistones tournèrent le dos et prirent la fuite, laissant Hèraklès et ses compagnons maîtres du champ de bataille.

*

— Abdèros !… Abdèros ! Nous sommes vainqueurs !… Abdèros !… Pourquoi ne répond-il pas ? Si le camp était attaqué, on entendrait le bruit du combat…

Un messager du camp accourait à la rencontre d'Hèraklès :

— Tu es vainqueur, et je vois que tu as tué Diomède, puisque tu rapportes ses armes… Mais ses juments…

— Eh bien, quoi ? ses juments ?

— Elles ont vengé leur maître…

— Comment ça ? Qu'est-ce que tu veux dire ?

— Seigneur, c'est une affreuse nouvelle, et qui va te faire saigner le cœur… Abdèros…

— Quoi ? Abdèros ? Vas-tu parler ?…

— Il est mort, seigneur… et d'une manière horrible !

— Mort ?...

Hèraklès resta pétrifié sur place. Il aimait le jeune homme, et la douleur, en effet, mordait cruellement son cœur.

Il fit un pas en avant, mais le messager le retint :

— Attends... N'y va pas avant de tout savoir... Ces juments féroces, aussi cruelles que leur possesseur, se sont jetées sur ton ami et l'ont déchiqueté ! À grand-peine, nous avons pu leur arracher son corps, mais tu vas le trouver mis en pièces.

Hèraklès bouscula le messager et se précipita.

La douleur du héros fut immense. Mais rien ne pouvait plus lui rendre son ami. Avant de reprendre la mer avec les juments meurtrières, il fit à Abdèros des funérailles solennelles, organisant des jeux sportifs en son honneur. Et il décida de fonder près de son tombeau une ville à laquelle il donna le nom d'Abdère :

— Ainsi, quand il naîtra dans cette ville de grands hommes qui la rendront glorieuse, leur renommée répandra partout dans le monde le souvenir d'Abdèros !

*

Au retour d'Hèraklès à Mycènes, Eurysthée ne sut pas quoi faire de ces sauvages cavales, tant il était difficile de s'en rendre maître… Il les relâcha. Parcourant au galop la Grèce en tous sens, après de longs vagabondages, elles arrivèrent sur les pentes du mont Olympe, où elles furent dévorées par les fauves.

Le ceinturon de la reine des Amazones

— Les Amazones ? Les « Sans-mamelles » ?…

— Non : « avec une seule mamelle », c'est une question d'accent…

— Et qu'est-ce que c'est que ça, les Amazones ?

— Un peuple de femmes guerrières…

Hèraklès éclata de rire :

— Des femmes… guerrières ?

— Redoutables, à ce que l'on dit !… C'est un peuple sans hommes… bien qu'elles suivent la nature en s'unissant à eux. Parmi les enfants qui leur viennent, elles se défont des garçons, pour n'élever que les filles. Elles éduquent celles-ci d'une manière virile, en leur enseignant la guerre. Et c'est pourquoi, dès leur jeune âge, elles leur compriment le sein droit pour qu'il ne se développe pas, en leur laissant le gauche pour allaiter un jour…

— Mais pourquoi une chose pareille ?

— On dirait que tu n'as jamais tiré à l'arc !

Hèraklès, piqué au vif, jeta un regard mauvais à son interlocuteur ; décidément, cet homme était un vrai scorpion ! Mais Eurysthée, content de son effet, poursuivit comme si de rien n'était :

— Elles, ce sont de vraies spécialistes… Et, précisément, elles ne veulent pas être gênées dans leurs mouvements…

Hèraklès était tout songeur : il fallait, en effet, que les Amazones soient des guerrières farouches pour se mutiler ainsi, à seule fin de tirer plus juste ! Il avait de la sympathie pour ce genre de caractère...

— Leur reine, Hippolytè, est une fille d'Arès, et le dieu de la guerre lui-même lui a offert un ceinturon merveilleux...

Hèraklès eut un sourire méprisant :

— Et la fille du roi de Mycènes voudrait posséder le ceinturon de la fille du dieu de la guerre ! Quoi de plus naturel ?

Le regard d'Eurysthée se fit torve :

— N'oublie pas que l'arrêt du destin et la volonté de la déesse m'ont fait maître des travaux que tu dois accomplir : que t'importent les raisons de mon choix ?

— En effet... Et où faut-il aller pour trouver ces Amazones ?

— Sur la rive du Pont-Euxin, au-delà du Bosphore, près du fleuve Thermodon...

Hèraklès sourit de nouveau, sans répondre. Il s'agissait de lointaines terres encore presque inconnues. Manifestement, Eurysthée devait chercher de plus en plus loin des dangers à lui faire affronter... Eh bien, il allait donc, de nouveau, équiper un navire et recruter des compagnons...

*

— Un navire, en train de jeter l'ancre dans l'embouchure du fleuve ? La voile porte-t-elle l'emblème d'Hèraklès ? Si c'est lui – enfin ! –, qu'il soit le bienvenu !

Car le bruit de l'expédition avait précédé le héros dans le pays des Amazones : elles savaient que ses compagnons et lui avaient pris la mer à destination de leur cité de Thémiskyra, et la reine Hippolytè avait une grande impatience de connaître un héros si fameux. Les autres Amazones, tout en partageant la curiosité de leur reine, restaient plus méfiantes à l'égard d'une visite dont il était impossible de savoir à l'avance si elle serait amicale ou hostile…

— À cheval ! Il faut aller au-devant des étrangers ! Ils doivent être en train de débarquer, à l'heure qu'il est : il serait malséant qu'ils ne trouvent personne pour les recevoir…

Une troupe nombreuse de cavalières, Hippolytè en tête, se porta donc, au petit trot, à la rencontre des arrivants.

Hèraklès, débarqué parmi les premiers, regardait avec ses compagnons le nuage de poussière qui grandissait : il annonçait l'approche d'une troupe nombreuse ; et, du plus loin qu'ils l'avaient aperçu, ils s'étaient mis en situation de parer à toute éventualité...

À quelque distance du rivage, le gros de la troupe s'arrêta : seul un petit détachement, qui entourait la reine, s'avança. Mais, à voir approcher, amies ou ennemies, les magnifiques cavalières, les hommes qui venaient de prendre terre laissaient passer au second plan les nécessités guerrières, tout à l'admiration qu'ils éprouvaient devant leur farouche beauté.

— Soyez les bienvenus !

La reine se dirigea droit vers Hèraklès. Il n'était pas difficile de le reconnaître, même sans l'avoir jamais vu, car il dépassait de la tête tous ses compagnons.

— Reine, si tu sais qui je suis, tu dois savoir aussi pourquoi je suis venu...

Hèraklès ne savait qu'admirer le plus, du précieux ceinturon ouvragé sur lequel des plaques d'or ciselé jouaient avec la lumière, ou de l'admirable prestance de celle qui le portait...

— L'amitié d'un héros comme toi vaut bien plus que la plus précieuse des parures. Et je t'offrirai de grand cœur celle-ci, en gage d'hospitalité !

Des deux côtés, des sourires se répandaient sur les visages ; les rangs des deux troupes s'assouplirent, et l'on échangea bientôt, avec de grands gestes, des déclarations d'amitié…

*

Or, du haut de l'Olympe, Hèra voyait toute la scène, et – se peut-il qu'il y ait tant de colère dans une âme divine ? – elle s'en irritait violemment : « Alors, au lieu de peiner, d'affronter de terribles dangers, ce bâtard n'aura eu que l'agrément du voyage ? Il emportera en cadeau ce qui devait être l'occasion de sa perte ? Mais moi, suis-je déesse, ou non ? »

Aussitôt, de la haute demeure des dieux, elle s'élança pour gagner les rivages du Pont-Euxin. Le voyage fut vite fait : c'était l'affaire de quelques pas, pour une déesse ! Prenant l'apparence d'une Amazone, elle vint se mêler à la troupe qu'Hippolyte avait laissée en réserve, loin du rivage :

— Mais vous ne voyez donc pas qu'on enlève la reine ? Trahison ! Elle accueille ces étrangers d'une façon hospitalière, mais eux, ils veulent l'emmener de force !

— Mais...

— Est-ce que vous n'apercevez pas, là-bas, que le désordre s'est mis dans les rangs ? C'est la bousculade ! Ils profitent des intentions pacifiques de la reine, et nos compagnes n'ont pas eu le temps de saisir leurs armes ! Il faut aller à leur secours !...

Trompées par ces paroles, les Amazones sautèrent à cheval pour courir à la rescousse. Mais, en voyant arriver cette troupe au galop, Hèraklès et ses compagnons, à leur tour, crurent qu'ils étaient tombés dans un piège :

— Nous sommes trahis, les amis ! En garde ! C'étaient de belles paroles pour nous amadouer !

En disant ces mots, Hèraklès tirait son épée ; il la plongea dans le corps d'Hippolyte avant qu'elle ait pu faire un geste, et il s'empara immédiatement de son splendide ceinturon. Aussitôt la mêlée fut générale, dans la plus grande confusion, car les deux troupes avaient rompu leurs rangs. Mais, profitant du désarroi des Amazones devant la mort de leur reine, Hèraklès rallia ses compagnons :

— Au navire ! En ordre... Nous n'avons plus rien à faire ici ! Dépêchons-nous de rembarquer et de mettre à la voile !...

Les uns se précipitèrent sur les rames, tandis que d'autres se repliaient pied à pied en combattant. Quand le navire fut paré, il vira de bord sous une pluie de flèches, mais le vent était favorable : une fois la voile hissée, ils se trouvèrent vite hors de portée.

La ruse de la déesse avait allumé la guerre, pourtant l'épreuve était accomplie : après bien des aventures durant le retour – mais qui pourrait jamais conter toutes les aventures d'un héros comme Hèraklès ? –, le ceinturon de la reine des Amazones, remis entre les mains d'Admète, fille d'Eurysthée, fut consacré par elle dans le sanctuaire d'Hèra, dont elle était la prêtresse.

Les vaches de Géryon

— Plus qu'un…
— Encore trois !
— Comment ça ?
— Eh bien, si tu comptes qu'il y a douze travaux…
— C'est ce que je dis !
— Alors, le compte n'y est pas.

— Mais si ! Il n'y a qu'à récapituler : tu vas voir…

— C'est toi qui vas voir ce que tu vas voir !… Un : le lion de Némée.

— Deux : l'hydre de Lerne.

— Trois : la biche de Kérynia…

— Ah non ! Trois : les centaures !

— Non, les centaures ne comptent pas.

— Comment ça ? Avec le nombre qu'il en a tué ?…

— Oui, mais c'était à son compte personnel, pas sur l'ordre d'Eurysthée. Nous disons donc… Trois : la biche de…

— Non ! Le sanglier de l'Érymanthe.

— Il y a des gens qui mettent la biche avant le sanglier, et d'autres, après…

— Oui, eh bien, nous… c'est après !

— Bon, si tu veux… Trois : le sanglier de l'Érymanthe.

— Quatre : la biche de Kérynia.

— Cinq : les oiseaux du lac Stymphale.

— Six : le nettoyage des écuries d'Augias.

— Les « étables » ! d'Augias… pas les « écuries » !

— Mais pourquoi ? Les gens disent qu'Hèraklès a « nettoyé les écuries d'Augias »…

— Laisse dire les gens !... Des écuries où il n'y a pas de chevaux mais des vaches, ça s'appelle des étables !

— Sept : le taureau de Crète...

— Huit : les cavales de Diomède le Thrace.

— Oui, les juments de Diomède...

— Les cavales, c'est pas pareil que les juments ?

— Si, si... ça va, ça va !...

— Neuf : la fondation d'Abdère...

— Mais non ! Ça non plus, Eurysthée ne le lui avait pas ordonné... Décidément, tu n'y comprends rien !

— Tandis que toi, tu es toujours le plus malin !... C'est bête, parce qu'avec les centaures, Abdère et le ceinturon de la reine des Amazones ça faisait onze, et il ne nous en manquait plus qu'un !

— Oui, eh bien, c'est comme ça : le ceinturon de la reine des Amazones, c'est le neuvième. Pourtant, tu as raison, en un certain sens : il ne devrait plus en manquer qu'un seul...

— Toi, tu disais « trois » tout à l'heure... D'ailleurs, pour faire douze...

— Justement, il paraît qu'à l'origine il ne devait y en avoir que dix.

— Mais enfin!... Tout le monde parle des douze travaux d'Hèraklès!

— Tout le monde peut se tromper! La Pythie de Delphes lui avait ordonné de se mettre au service d'Eurysthée pour douze ans, mais pour dix travaux.

— Alors, c'est ce que je disais: plus qu'un!

— Eh non: encore trois! On dit qu'il y a deux épreuves qu'Eurysthée n'a pas voulu compter...

— Quoi? Mais c'est dégoûtant! Lesquelles?

— L'hydre de Lerne, parce qu'Hèraklès n'en est pas venu à bout tout seul mais qu'il a fait appel à son neveu Iolaos...

— Et le crabe? Il ne compte pas, le crabe qui est venu au secours de l'hydre? Contre deux, même Hèraklès...

— ... et les étables d'Augias, parce qu'Hèraklès a demandé un salaire... Alors, Eurysthée lui a imposé, paraît-il, deux autres épreuves, en remplacement de celles-là. Si bien qu'au lieu de faire dix ça fera douze.

— Qu'est-ce que c'est que ces deux dernières épreuves?

— Ça, je n'en sais pas plus que toi : le client d'hier n'était pas au courant…

— Ah ! là, là… C'est ça, l'inconvénient, dans ce métier… On a affaire au premier venu… Enfin, il t'a tout de même raconté le dixième travail !… Et, puisque je n'étais pas là, tu pourrais me faire profiter des nouvelles !

— Mais c'est ce que j'allais faire : c'est toi qui t'es mis à récapituler !

— Ne te fâche pas. Tiens, arrêtons-nous là, à l'ombre de ce bouquet de lentisques : on laissera passer un peu la chaleur et, pendant ce temps-là, tu me raconteras…

*

— Eurysthée ne décolérait pas : « La Crète, la Thrace, les rivages lointains du Pont-Euxin, il s'en tire toujours ! Et il revient… Bon !… Je vais l'envoyer au bout du monde ! Et même plus loin… Tout seul ! Pas de bateau, pas d'équipage ! À pied !… »

« C'est ainsi qu'Hèraklès se mit en route vers le Couchant, pour gagner l'île d'Érythéia – la Rougeoyante –, où il devait s'emparer des vaches de Géryon.

— Encore une histoire de vaches ?

— Tu connais une meilleure façon d'être riche, toi ? Si on avait des troupeaux de vaches, tous les deux, on ne serait pas là au bord de cette fichue route, toujours en train d'attendre que quelqu'un se décide à passer...

— Oh, on n'est pas mal, ici, à l'ombre...

— Géryon, fils de Chrysaor, était un géant à trois corps...

— Comment fait-on pour avoir trois corps ? Est-ce que l'on naît trois fois ?

— L'histoire ne le dit pas... Il avait trois corps, voilà tout. C'était un monstre, comme le lion de Némée ou l'hydre de Lerne, mais un monstre à dominante humaine – ce sont peut-être les pires ! Il élevait des vaches pourpres dans une île située dans le cours du fleuve Océan, en face du royaume de Tartessos.

« Hèraklès commença donc par passer en Crète, à nouveau, où il débarrassa le pays de toutes sortes de monstres et de brigands...

— Sympathique !...

— Que veux-tu, mon pauvre...

— Passons, passons...

— Puis il s'embarqua pour la Libye, où, là

encore, il débarrassa le pays de toutes sortes de monstres et de brigands…

— Passons, passons…

— On dit qu'il eut tellement chaud en Libye qu'il menaça le Soleil de ses flèches !

— Ha, ha, ha !

— Pourquoi ris-tu ?

— Je le reconnais bien là : il n'est vraiment pas très malin !…

— Peut-être, mais le dieu fut stupéfait de sa bravoure ; et la chose a peut-être joué un rôle dans la suite, tu vas voir…

« Arrivé à la limite de la Libye et de l'Europe, il dressa, pour marquer son passage, deux énormes rochers qui se font face, de part et d'autre du détroit, et que l'on appelle depuis les colonnes d'Hèraklès…

— Ça doit être grandiose ! J'aimerais voir ça…

— Enfin, il paraît que, là-dessus non plus, tout le monde n'est pas d'accord : les uns disent qu'avant son passage la Libye et l'Europe se rejoignaient, et que c'est lui qui a ouvert le passage aux bateaux en perçant l'isthme pour créer le détroit, les autres disent que le détroit était beaucoup plus large et qu'il l'a au contraire rétréci, de manière à empêcher les monstres de l'Océan de pénétrer dans notre Mer à nous…

— Il a bien fait !

— Arrivé à Tartessos, il était bien embarrassé, car il voyait l'île d'Érythéia, mais comment traverser l'Océan ? C'est alors que le Soleil lui prêta, pour naviguer sur l'Océan, le chaudron d'or, dans lequel il retourne lui-même, chaque soir, vers le Levant, après avoir traversé le ciel.

— Quoi, quoi ? Qu'est-ce que c'est que cette histoire ?

— Tu sais bien que Phoïbos-Apollon, le Soleil, traverse le ciel tous les jours sur son char, de l'Orient à l'Occident ?

— Évidemment, tout le monde sait ça ! Tu me prends pour un idiot ?…

— Eh bien, alors, puisqu'il repart chaque jour du même endroit que la veille… il faut bien qu'il y retourne pendant la nuit…

— Euh, oui… Tiens, c'est vrai, ça.

— Et comment y retourne-t-il, à ton avis ?

— Comment veux-tu que je sache ?

— Dans le chaudron en question, flottant sur l'Océan : le Soleil y dort avec délice pendant que le courant de l'Océan le ramène à son point de départ!

— Et il l'a prêté à Hèraklès?

— C'est ce qu'on raconte! Tu vois qu'en fin de compte ce n'était pas si bête de l'impressionner un peu en le menaçant… Hèraklès put donc débarquer dans l'île d'Érythéia, où paissaient les vaches de Géryon.

— En somme, c'est un peu un confrère, quoi… Il fait en grand ce que nous faisons en petit.

— Qu'est-ce que tu veux dire?

— Ben, il va voler des vaches…

— Tais-toi! Si quelqu'un t'entendait…

— Mais il n'y a personne!

— Or, les troupeaux de Géryon étaient gardés par le monstrueux chien Orthos, qui se jeta sur Hèraklès… Un bon coup de massue lui régla son compte.

— Bravo! J'ai horreur de ces sales bêtes!… À cause d'elles, dans des tas d'endroits, il n'y a pas moyen de travailler…

— Mais le bouvier Eurytion accourait au secours du chien… Hèraklès le tua aussi d'un coup de massue.

— Il n'avait qu'à faire semblant de ne rien voir, et rester dans son coin, celui-là !

— Hèraklès, aussitôt, emmena le troupeau…

— Au moins, c'est du travail vite fait !…

— Mais le bouvier Ménoïtès, qui gardait, non loin de là, les vaches d'Hadès, le dieu des morts, courut prévenir Géryon, qui se lança à la poursuite d'Hèraklès…

— Ça, c'est un sérieux pépin !

— Et il le rattrapa…

— Aïe, aïe, aïe !

— … juste avant qu'il n'embarque avec les bêtes dans le chaudron d'or du Soleil. Le combat fut terrible !

— Je m'en doute…

— Géryon était terrifiant à voir, avec ses trois corps, ses trois têtes, et tous ces bras, et toutes ces jambes… Mais Hèraklès, sans la moindre peur…

— Écoute… s'il n'a pas eu peur de nous, c'est qu'il n'a peur de personne !…

— Euh, enfin… Bref, il banda son arc et abattit Géryon à coups de flèches. Après quoi il embarqua son bétail, traversa l'Océan, rendit le chaudron d'or au Soleil, et prit le chemin du retour.

— Hop ! Voilà qui est enlevé !

— Enlevé… peut-être, mais il restait à ramener les vaches à Eurysthée ! Sans quoi, c'était encore un travail qui compterait pour rien !

— Ça ne doit pas être une mince aventure de faire un pareil trajet avec un troupeau : les vaches ont parfois de ces fantaisies… et puis, on croise tant de gens malhonnêtes sur les chemins…

— Hé, hé, comme tu dis… De Tartessos, il paraît qu'il revint jusqu'en Grèce en marchant toujours le long des côtes, par l'Ibérie, la Gaule, la Ligurie, l'Italie, la Sicile, l'Illyrie et l'Épire.

— Et, un peu partout, il eut affaire à des collègues…

— Dans le sud de la Gaule, après avoir traversé un grand fleuve qui se jette par là dans la mer, il se trouva dans une plaine immense. Or, comme il s'y était déjà profondément enfoncé, il fut attaqué par un si grand nombre d'indigènes qu'il épuisa toutes ses flèches à en massacrer tant qu'il put. Après… plus de flèches, mais, des ennemis… pécaïre ! il en restait par milliers… comme des mouches !

— Par milliers… oh, frère, dis… tu exagères !…

— J'exagère ? Va un peu leur demander, là-bas, si j'exagère !… Et le sol était plat et nu comme le dos de la main : pas un rocher, pas une pierre, pas un caillou à ramasser pour le leur jeter !… Perdu !… Il allait forcément succomber sous le nombre !

— Oui, oui… des milliers…

— Parfaitement !… Alors, il fit une prière à Zeus, pour le supplier de l'aider. Et Zeus, pour le secourir, fit tomber une pluie de cailloux ! De quoi reprendre joyeusement le massacre ! Sauvé ! Mais, comme Zeus ne fait jamais les choses à moitié, depuis lors, la plaine en question est restée couverte de cailloux : on dirait qu'ils y poussent plus dru que les chardons !

« Plus loin, c'est un brigand tout seul qui lui a volé une partie du troupeau pendant qu'il se reposait… Un malin, celui-là ! Un nommé Cacus… Écoute bien : pour qu'on ne puisse pas le suivre à la trace, il avait fait marcher les vaches à reculons en les tirant par la queue !

— Superbe, comme idée !

— Eh oui… Il aurait mérité de réussir,

mais… Tu penses bien qu'en se réveillant Hèraklès a compté ses vaches, et il s'est mis à chercher partout celles qui manquaient.

— Et il les a trouvées ?

— Non. Enfin… si. Pas tout de suite. Il ne les trouvait pas : Cacus les avait enfermées dans sa caverne. Mais elles ont beuglé, les vaches… et Hèraklès les a entendues. Il a tout compris, et, en arrachant les rochers au sommet de la colline, comme on décalotte un œuf à la coque, il a écrasé Cacus sous les rochers de sa propre caverne !

— Im-mo-ral !… Et puis… pour une fois qu'il y avait quelqu'un qui faisait honneur à la profession !

— Et quand il est arrivé du côté de la Sicile…

— Cacus ?

— Pas Cacus ! Hèraklès ! Je sais bien que c'est l'heure de la sieste, mais… je te raconte… ou je te raconte pas… Tu pourrais faire un petit effort, non ?

— Pardon !

— Je disais donc… Arrivé au détroit de Sicile, voilà-t-il pas qu'un bouvillon se jette à la mer, et traverse à la nage en direction de la Sicile ?

— Catastrophe !

— Ni une, ni deux ! Hèraklès met tout le troupeau à la nage pour le suivre, en se tenant lui-même d'une main à la corne d'un taureau.

— D'un taureau ? Je croyais que c'étaient des vaches ?

— Des vaches, des bœufs, des taureaux… tout, quoi ! Il faut de tout dans un troupeau… Et voilà tout le monde en Sicile !… Et il y a encore affronté des dizaines de voleurs, de brigands et de rois avant de regagner la Grèce, de rentrer à Mycènes et de remettre le troupeau à Eurysthée, qui l'offrit en sacrifice à Hera.

— Que d'exploits ! Comment fait-il ?

— Tu sais, les héros, c'est comme ça… Ça accomplit des exploits, on dirait que ça ne peut pas s'en empêcher…

— Eh oui… Chacun son lot ! C'est comme nous autres : on ne peut pas s'empêcher d'attaquer les voyageurs, puisqu'on est des bandits de grands chemins !

— Mais tais-toi donc, imbécile !…

Les pommes d'or du jardin des Hespérides

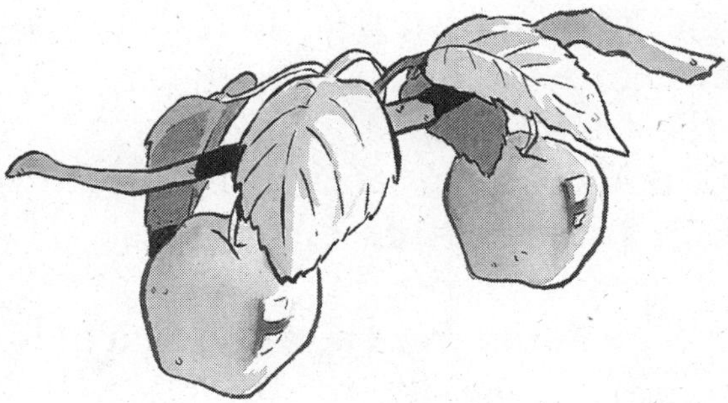

— Jeunes gens, est-ce que vous auriez un peu d'eau ? Ma gourde est vide, et le garçon qui me guide ne revient pas…

Les deux hommes auxquels s'adressait la demande s'étaient levés d'un bond :

— Crétin ! Tu ne pouvais pas tenir ta langue ?

— Mais il n'y avait personne !

— Tu vois comme il n'y avait personne !… C'est toujours dans les endroits les plus déserts qu'il faut s'attendre à voir surgir quelqu'un.

— Mais il est vieux… Il doit être sourd…

— Désolé de te contredire, jeune homme… dit le vieillard qui sortait du bosquet de lentisques en tâtonnant. J'ai le malheur d'être aveugle, mais je n'ai pas celui d'être sourd. Ton ami a raison…

— C'est mon frère.

— Mais, c'est ça ! continue… Dis-lui comment on s'appelle, tant que tu y es !

Le vieillard sourit :

— Eh bien, ton frère a raison : j'ai entendu toute votre conversation.

— Tu vois, on est bien avancés, maintenant ! Mais toi, vieillard, tu sais ce que nous sommes, puisque cet idiot le clame à tous vents… et… tu n'as pas peur ?

— De quoi voudrais-tu que j'aie peur ? De la mort ? Elle est si proche, de toute façon… Que vous me voliez ? Je n'ai rien… que les pauvres vêtements que je porte, et ma cithare… dont vous ne sauriez pas jouer.

— Une cithare ? Tu es donc aède ?

— Tu l'as dit.

— Et tu vas de bourg en bourgade et de ville en château, toujours, partout, sur les routes?

— Comme vous… et c'est sans doute ce qui fait que nous avons apparemment une connaissance commune…

— Qui donc?

— Celui dont vous parliez, justement.

— Tu connais le grand «Cul-Noir»?

Le vieillard se mit à rire:

— Non, je ne connais pas «Cul-Noir»… Je connais Hèraklès. À vrai dire, pas sous cet angle-là… mais j'imagine que le surnom pourrait s'appliquer à lui… Et si c'est bien lui dont tu parles, je peux vous en donner des nouvelles plus fraîches.

— Ah, ça, vieillard, ça change tout! Si vraiment tu connais ce héros-là, tu es un ami! enfin… presque! Tu l'as donc vu récemment? Où est-il? D'où le connais-tu? Raconte-nous ce que tu sais de lui!

— Il sera bien long de répondre à tout, car tu poses bien des questions à la fois…

Son second interlocuteur lui tendit une outre:

— Tiens, prends un peu d'eau, assieds-toi ici avec nous. Nous deux, nous sommes frères – il te l'a dit –, on nous appelle les Cercopes. Toi aussi, dis-nous ton nom, et depuis quand tu connais celui dont nous parlons. Raconte !

Le vieil aède s'assit avec eux, prit l'outre à tâtons, y but à petits coups.

— Je m'appelle Phêmios. Je l'ai rencontré pour la première fois, il y a bien longtemps, à Némée… J'étais jeune, alors.

— Là où il a tué le lion ?

L'autre homme lui avait mis dans la main une poignée d'olives et un morceau de pain.

— Oui. Il venait de le tuer : il rapportait sa peau encore sanglante…

— Et maintenant, où est-il ?

— Il a accompli son destin…

Les Cercopes sursautèrent :

— Il est mort ?

— Oui… et non.

Le premier commençait à se lamenter, mais le second l'interrompit en interrogeant le vieillard :

— « Et non » ? qu'est-ce que tu veux dire ?

— Selon l'oracle de la Pythie, après ses

douze travaux, il est maintenant dans l'Olympe, auprès des dieux!

— Comment le sais-tu?

— J'ai assisté à tout... Je n'étais pas encore aveugle... C'était il y a moins d'une lune, sur le mont Oïta...

— Il a donc affronté deux épreuves supplémentaires, comme on le dit?...

— Oui: comme tu le disais tout à l'heure, il est vrai qu'Eurysthée refusa de compter la mise à mort de l'hydre de Lerne et le nettoyage des étables d'Augias comme de vrais travaux. Il en exigea donc deux autres...

— Le chien!

— Le chien des Enfers, en effet...

— Cerbère? Tu veux dire l'abominable Cerbère?

— Oui, il a demandé à Hèraklès de le lui ramener enchaîné!

— Et il l'a fait?

— Avec l'aide des dieux, oui. Mais, avant cela, Eurysthée lui a demandé d'aller chercher les pommes d'or du jardin des Hespérides.

— Qu'est-ce que c'est que ça?

— Eh bien, en remerciement de votre eau et de vos olives, je vais vous l'expliquer en attendant le retour de mon jeune élève, puisqu'il s'attarde…

*

Lors des épousailles de Zeus et d'Hèra, la Terre offrit à la déesse, en cadeau de noces, des pommes d'or. Celle-ci les planta dans le jardin des dieux, au-delà de l'extrémité du monde : il y a là-bas des pommiers qui portent des fruits d'or.

Pour veiller sur le jardin, il y a trois nymphes, les Hespérides, les Filles du Soir, qui chantent en chœur près des sources de l'ambroisie qui rend immortel ; mais, pour le garder, il y avait aussi un serpent aux cent têtes, fils de Typhon et de Vipère, un monstre, fils de monstres, qui poussait toutes sortes de cris.

— Et où est-il, ce fameux jardin ?

— Nul homme ne le sait exactement.

— Mais alors, comment Hèraklès a-t-il fait ?

— Eh bien, justement, Hèraklès est un dieu, maintenant ! Mais du temps où il n'était encore qu'un héros, un peu plus qu'un homme, mais bien moins qu'un dieu, il lui a d'abord fallu se mettre en quête… et, pour cela, courir le monde en tous sens…

Enfin, les nymphes du fleuve Éridan lui apprirent que Nérée, un Vieillard de la Mer, pourrait lui révéler où se trouvait le jardin. Hèraklès alla le trouver. Nérée, pour tenter d'échapper aux questions, se métamorphosa en toutes sortes de bêtes étranges. Mais Hèraklès le saisit et le tint fermement sans le lâcher, malgré toutes ses transformations. Alors, pour finir, Nérée consentit à parler : le jardin est dans le lointain Occident, près de l'endroit où Atlas, le Titan, soutient sur sa tête la voûte du ciel !... Aussitôt, Hèraklès s'empressa de se rendre dans le royaume de Tartessos. Mais, à peine arrivé en Occident, il s'aperçut qu'il ignorait comment faire pour pénétrer dans le jardin et y cueillir les pommes d'or !...

Le mieux était de consulter le Titan Prométhée, frère d'Atlas. Mais celui-ci se trouvait à l'autre bout du monde, puisqu'il avait été enchaîné par Zeus sur le Caucase...

— Et pourquoi Prométhée est-il enchaîné sur le Caucase ?

— Il ne l'est plus... Mais, comment ?... Vous ne savez pas ça ?

— Euh...

— Parce qu'il avait volé le feu aux dieux pour le donner aux hommes !

— Ah, oui, oui... Encore un collègue, alors...

— Et Zeus, pour le punir, l'avait fait enchaîner au sommet du Caucase, où un aigle venait lui dévorer le foie, qui repoussait toujours, si bien que son supplice atroce n'avait pas de fin...

Les Cercopes frémirent d'horreur.

— Et maintenant, pourtant, tu dis que c'est fini ?

— Oui, Hèraklès l'a délivré.

— Aaah !...

— D'Occident, il repartit donc pour le Caucase. Il passa en Libye. Là, il rencontra Antée, un géant qui forçait tous les voyageurs à lutter contre lui et les tuait. Il était fils de la Terre, et reprenait des forces dès qu'il la touchait... Hèraklès, dans la lutte, le ceintura et le maintint soulevé au-dessus du sol, sans lui permettre de reprendre contact avec lui, si bien que ses forces déclinèrent, et qu'il put le broyer dans ses bras.

— Bravo !

— Mais, alors qu'il s'était endormi, fatigué

par la lutte, les Pygmées, fils de la Terre comme le géant, voulurent venger leur frère : à son réveil, Hèraklès se trouva étroitement ligoté. Quand il vit autour de lui tous ces petits bonshommes minuscules, il se mit à rire. Brisant ses liens, il attrapa une poignée de Pygmées et les jeta au fond de la peau du lion de Némée, dans une patte qui lui servait de poche, et il y fit un nœud, en se disant qu'il les montrerait à Eurysthée.

— Les Pygmées ? Ça n'existe pas...

— Tais-toi ! Tu vas être poli ?

— En tout cas, moi, j'en ai jamais vu !

— Puis, il arriva en Égypte. C'était au temps du féroce roi Busiris. Celui-ci sacrifiait les étrangers de passage sur l'autel de Zeus, à cause de la disette qui régnait dans le pays. Il agissait ainsi sur le conseil d'un devin venu de Chypre. D'ailleurs, à peine le conseil donné, Busiris avait fait sacrifier son auteur... Hèraklès, saisi et ligoté pour être sacrifié, brisa ses liens, encore une fois, et tua le roi criminel.

Il parcourut encore la Libye extérieure, l'Éthiopie, l'Arabie, et il s'embarqua de nouveau dans le chaudron d'or du Soleil pour naviguer sur l'Océan, avant de parvenir enfin au Caucase.

Dans le soleil levant, il aperçut Prométhée enchaîné au rocher. Comme il avançait pour l'interroger, une ombre, soudain, glissa sur le rocher : un aigle immense planait au-dessus de lui : c'était le monstre, fils de monstres, fils de Typhon et de la Vipère, qui revenait toujours dévorer le foie de sa victime. Le vol silencieux s'acheva dans un terrible froissement d'ailes, à l'instant où il s'abattait sur Prométhée. Hèraklès, avant même d'avoir réfléchi, avait saisi son arc : au lieu de reprendre sa tâche de bourreau, le monstre, transpercé d'une flèche, roula dans l'abîme. Zeus, qui avait condamné Prométhée, consentait à le libérer, pour la gloire de son fils : Hèraklès brisa les chaînes du Titan.

Les Cercopes reniflaient, émus de la générosité de leur grand ami.

*

— Tu m'as sauvé d'un supplice abominable, et tu me rends ma liberté : rien ne me permettra jamais d'acquitter la dette de reconnaissance que j'ai envers toi ! Mais tu as rendu un service plus grand, peut-être, à Zeus ! Car la condamnation qu'il avait portée contre moi était inique, et, en me libérant, tu rétablis sa justice !

Pour te montrer que je ne suis pas un ingrat, voici les conseils dont tu as besoin, et même un peu plus… N'entre pas toi-même dans le jardin : adresse-toi à mon frère, Atlas, qui soutient, là-bas, le ciel sur sa tête…

*

— Atlas, toi qui soutiens ici le ciel sur ta tête, je suis venu jusqu'ici, car le roi de Mycènes, Eurysthée, me l'a imposé en vertu d'un oracle…

— Je sais : on parle de tes travaux dans tout l'univers ! Et je t'ai aperçu de loin, la dernière fois que tu es venu.

— Eurysthée veut voir les pommes d'or. Ton frère Prométhée m'a conseillé de m'adresser à toi…

— Excellente idée, qu'il a eue là, Prométhée !… Mais comment veux-tu que j'aille te chercher les pommes d'or ? Le ciel est posé sur ma tête, impossible de bouger !

— Mais si ! C'est moi qui porterai le ciel, pendant ce temps-là !

— Toi ? J'ai bien entendu dire que tu es le plus fort des mortels, mais moi, je suis un Titan !... Hmm ! Tu crois que tu y arriverais ?

— J'en suis sûr !

Alors, Atlas souleva un peu le ciel à la force des bras, tandis qu'Hèraklès se glissait à sa place.

— Oh, là, là, là ! Que c'est lourd ! s'exclama Hèraklès...

— Ah, dis donc ! Ça fait du bien quand ça s'arrête ! soupira Atlas...

Mais, invisible à côté d'Hèraklès, la déesse Athèna soulageait un peu son effort en soutenant le ciel d'une main.

*

« Mais qu'est-ce qu'il fabrique ? Ça fait longtemps qu'il est parti ! Je n'en peux plus, moi !... »

— Ah ! te voilà ! C'est pas trop tôt !...

— Ça y est ! Tu vois : je les ai ! Je t'en apporte trois... Mais... laisse-moi te regarder... Quel costaud ! On dirait que tu as fait ça toute ta vie, de porter le ciel... Quelle pose, quels muscles ! Et pas trace de fatigue… tu es dans une forme époustouflante !

— Oui, oui… ça va…

— Tu sais ce qu'on va faire ?

— Parbleu ! Je vais t'exprimer mon infinie reconnaissance, et je vais te rendre le ciel en échange des pommes d'or ! Après quoi, je les porterai à Eurysthée.

— Je crois que j'ai une meilleure idée : puisque tu t'en tires si bien – je ne l'aurais pas cru, mais, vraiment, je suis frappé d'admiration ! –, puisque tu es si ferme sur tes jambes, je vais aller porter moi-même les pommes d'or à Eurysthée ! Ça me dégourdira un peu ! Bien sûr, je reviendrai tout de suite après…

« Ah, le traître ! se disait Hèraklès. Nous y voilà ! Il essaie de profiter des circonstances : Prométhée m'avait bien prévenu ! »

« Hop ! Ni vu ni connu ! se disait Atlas. Une chance pareille ne se présentera pas deux fois : j'ai trouvé un pigeon, je file ! »

Hèraklès reprit :

— Pourquoi pas ? Je te dois bien ça ! Mais, attends… aide-moi d'abord à mettre un coussin entre ma tête et le ciel…

— Un coussin ? Quel coussin ?

— Tu sais, un de ces coussinets ronds que les femmes emploient pour porter les cruches, quand elles vont à la fontaine… J'en avais apporté un, mais j'ai oublié de le mettre tout à l'heure, et je sens qu'il y a quelque chose qui me fait un peu mal… un astéroïde, peut-être…

— Un coussin… mais ça n'est pas bête, ça, sais-tu !

— Oui… D'ailleurs, je te le laisserai, quand on refera l'échange, à ton retour… Mais, en attendant, il faudrait que tu soulèves un peu, pour que je puisse le prendre dans le pli de ma peau de lion. Tu n'as qu'à poser les pommes d'or là, par terre.

Atlas, enchanté de la perspective des vacances indéfinies qu'il avait décidé de s'accorder, posa les pommes et s'approcha pour aider Hèraklès. Il appuya les deux mains contre le ciel et souleva. Hèraklès n'eut pas plutôt senti que la pression faiblissait sur sa tête et ses mains qu'il s'accroupit brusquement, abandonnant tout le poids au bout des bras d'Atlas. Celui-ci chancela et le ciel vacilla un instant. Quand il parvint à retrouver son équilibre et que le monde eut repris son assise, Hèraklès avait déjà ramassé les pommes d'or et il s'éloignait à grands pas:

— Merci encore une fois, cher Atlas, merci infiniment! Et bonne continuation!

— Traître! Tu n'as sûrement pas trouvé ça tout seul! Je reconnais une idée de Prométhée: celui-là, il soutient toujours les humains contre les immortels!

Et, tout en maugréant, il ajusta le poids sur sa tête pour se réinstaller dans son immuable fonction.

*

Quand Hèraklès eut apporté les pommes d'or à Eurysthée, celui-ci ne sut pas quoi en faire: il était impossible qu'elles soient déposées n'importe où, fût-ce dans un temple! Alors, il les rendit à Hèraklès. Celui-ci les remit à la déesse Athèna, et elle les reporta dans le lieu d'où elles étaient venues: dans le fabuleux jardin des dieux, au-delà de l'extrémité du monde.

Cerbère

— Quel gaillard, ce « Cul-Noir » !

— Oui… et, quand même… avec ce zeste d'humour !

— Tu peux le dire ! D'ailleurs, c'est bien ce qui nous a sauvé la vie, il y a quelques années…

— Mais enfin, pourquoi l'appelez-vous

comme ça ? Et qu'est-ce qui vous a sauvé la vie ?

— Figure-toi qu'un jour, mon frère – lui, là – et moi, dans l'exercice normal de notre profession, on est tombés sur un voyageur endormi. Il avait l'air grand et fort, bien plus que nous… Mais il dormait ! Pas nous… En fait de vêtements, il n'avait pas grand-chose d'intéressant. Il dormait roulé dans une peau de lion, mais, tu sais, les peaux de lion, en fin de compte, on en voit pas mal : ce n'est pas vraiment facile à échanger… D'ailleurs, la sienne commençait à donner des signes de fatigue… Mais il avait des armes, et surtout un arc et des flèches. On a tenté notre chance… Mal nous en a pris ! Il s'est éveillé aussitôt, et il nous a flanqué à chacun trois ou quatre baffes qui nous ont bel et bien estourbis. Quand on s'est réveillés, nous, on était pendus par les pieds, chacun à un bout d'une perche qu'il portait sur l'épaule en sifflotant ! lui, là, devant, et moi, derrière ! comme si on avait été des petits cochons de lait – ou des volailles – qu'il allait vendre au marché !… On était bien ! Tu imagines…

Le vieil aède ne put s'empêcher de sourire.

— Moi, comme j'étais, j'avais le nez un peu plus bas que ses fesses. Et, d'ailleurs, chemin faisant, au rythme de la marche, la méchante petite tunique courte qu'il portait sous sa peau de lion se soulevait.

« — Nom de Zeus ! Maman avait raison !

« — Qu'est-ce que Maman vient faire ici ?

« — Tu ne te rappelles pas qu'elle nous disait toujours de nous méfier du grand « Cul-Noir » ?

« — Ben… si… mais…

« — Eh bien, moi, je suis bien placé pour te dire qui c'est ! Devine…

« — Heuh…

« — Tu donnes ta langue au sphinx ?

« — Jamais !… Attends… Le porteur ?

« — Gagné !… Il a du poil aux fesses !… et d'un noir !…

« — Le grand « Cul-Noir » ! On est cuits !… Tu parles d'une façon de gagner !…

« — Tu as déjà gagné de ne pas marcher à pied : c'est toujours ça…

« — Oui, mais le moyen de locomotion n'est pas très confortable ! Et puis, en plus, je me demande si on n'est pas légèrement ridicules…

« — Poil au véhicule !

Et on s'est mis à rigoler… à rigoler… Ça secouait la perche, forcément, et elle fléchissait en faisant ressort. Et alors, nous, chacun de notre côté, on descendait, et puis, hop, on remontait… Soudain, ça s'est mis à tanguer beaucoup plus gravement. Nos têtes commençaient à s'approcher dangereusement du sol… Le porteur, lui aussi, rigolait comme un bossu !

Enfin, l'envie de nous massacrer ou de nous vendre comme esclaves lui avait passé : il a fini par nous détacher… On a causé, on a pris un petit casse-croûte ensemble, et on s'est quittés bons amis…

*

— Mais, toi-même, vieillard, il doit te rester bien des choses à nous raconter. Il nous manque toujours un des douze travaux !

— Après l'avoir envoyé au bout du monde, chez Géryon, après l'avoir envoyé plus loin que le bout du monde, au jardin des Hespérides,

Eurysthée n'avait plus qu'une possibilité : envoyer Hèraklès dans le lieu par excellence d'où l'on ne revient pas, le faire descendre chez les morts.

— Ohohh ! Il l'a vraiment envoyé chercher Cerbère ?

— Cerbère ? l'affreux chien de garde des enfers, à trois têtes ?… avec le serpent en guise de queue ?

— Précisément !

— Mais c'est lui, Eurysthée, le monstre !

— Je suis bien de ton avis ! Hèraklès n'a pas bronché. Mais, pour descendre chez les morts, il vaut mieux, auparavant, être initié aux mystères de Dèmèter, la Terre Mère, et de sa fille Korè, puisque celle-ci règne sur le royaume des morts sous le nom de Perséphone… Seule l'initiation à Éleusis permet d'approcher sans trembler du royaume d'en bas.

« Hèraklès gagna donc Éleusis, en territoire athénien, car c'est là, comme vous savez, que les deux déesses ont leur principal sanctuaire. Mais il fallait d'abord être athénien. Il se fit adopter par un Éleusinien nommé Eumolpos, qui était aussi l'un des prêtres du sanctuaire.

Puis, il reçut l'initiation. Ça, jeunes gens, je ne peux rien vous en dire : elle est secrète. Tous les initiés jurent, par les serments les plus terribles, de ne rien raconter des cérémonies auxquelles ils ont assisté !...

Enfin, il se mit en chemin : par la caverne du cap Ténare, à l'extrême sud du Péloponnèse, il s'enfonça dans les profondeurs de la terre.

Les âmes des morts, terrifiées par son arrivée, s'enfuirent devant lui, sauf celles de la monstrueuse Gorgone et du héros Méléagre... Hèraklès banda son arc, Méléagre l'arrêta :

— Ne dépense pas tes flèches en vain contre des ombres ! Car nous ne sommes plus rien d'autre... et tu n'as rien à redouter de vains fantômes comme nous.

— Qui es-tu donc, toi qui n'as pas fui devant moi, mais qui me parles avec une douceur étrange pour ces lieux ?...

— Comme toi, j'ai chassé, jadis, moi aussi, un sanglier redoutable... Et je l'avais vaincu. Mais sa mort a scellé mon destin : je l'ai suivi de près. Maintenant, me voilà : je ne suis plus qu'une ombre inconsistante. Ah ! Les générations d'hommes sont comme les feuilles des arbres ! Elles passent aussi vite qu'elles…

— Tu l'as dit ! Et le mieux, pour les mortels, serait de ne pas naître, et de ne jamais voir la lueur du jour ! Mais il est vain, aussi, de pleurer là-dessus ! Ce que l'on s'apprête à faire, voilà tout ce qui compte. Toi, je vois qu'aussi bien mort que vivant tu es un grand héros, si tu n'as eu peur ni de moi ni du monstre que tu as chassé… J'aurais aimé être ton ami, à la surface de la terre… Mais… peut-être que tu as, au palais de ton père, une sœur qui te ressemble… et si j'étais son époux, quelque chose, à défaut d'une amitié de vivants, pourrait quand même nous unir !…

— Il y a Déjanire, à la nuque élancée, qui n'a pas encore connu l'amour…

*

Quand il eut quitté le héros Méléagre, Hèraklès rencontra deux autres héros : Thésée l'Athénien et Pirithoos, le Lapithe. Descendus avant lui aux enfers, ils étaient pris au piège ! Il est vrai qu'ils étaient venus pour une raison peu louable ; Pirithoos s'était mis en tête de séduire Perséphone ! Thésée, son inséparable ami, l'avait accompagné pour l'aider… Mais, pour leur punition, ils étaient tous deux assis sur une pierre dont ils ne pouvaient plus se lever. Hèraklès, pour leur venir en aide, leur tendit la main : il eut la force de relever Thésée, mais il ne parvint pas à arracher Pirithoos au rocher ! Il dut l'abandonner là, pour l'éternité, dans la mort.

*

Perséphone fit bon accueil à Hèraklès : elle avait reconnu en lui un frère, un fils de Zeus ; mais son époux, Hadès, dieu des enfers, posa des conditions avant d'autoriser le héros à emmener Cerbère à la surface de la terre : il devrait l'affronter sans bouclier, sans armes offensives de métal !

C'est un monstre épouvantable, indescriptible, que Cerbère ! Et, pour le maîtriser, le héros n'avait que sa peau de lion, par-dessus sa cuirasse, et des pierres pointues… Comme sur le lion de Némée, il se jeta pourtant sur le monstre des enfers ; et, lui prenant le cou de manière à l'étouffer, malgré les morsures du serpent de la queue, il ne relâcha plus sa prise qu'après l'avoir dompté.

C'est ainsi qu'il put l'emmener pour le montrer à Eurysthée… Mais pas question de laisser un pareil monstre sous la lumière du soleil : il le ramena ensuite dans l'Hadès.

— Ffuhhh !
— Et de douze !…
— Oui. Le cycle était accompli, et, depuis lors, il s'est écoulé bien des années…

La tunique de Nessos

Délivré de sa servitude auprès d'Eurysthée, Hèraklès était enfin libre de quitter son royaume. Après bien d'autres aventures, et comme il en avait fait la promesse au héros Méléagre, qu'il avait rencontré aux enfers, il se rendit en Étolie, dans la patrie de celui-ci, pour y épouser sa sœur Déjanire. Il vécut là un certain temps avec sa nouvelle épouse chez son beau-père, Oïneus. Un soir, à l'occasion d'un banquet, comme le petit page qui devait lui verser l'eau pour se laver les mains s'était montré maladroit, Hèraklès, en le réprimandant, le gifla. Hélas !... Une gifle d'Hèraklès !... Le jeune garçon en mourut. Le meurtre était involontaire, c'était presque un accident... Pourtant, le héros voulut se soumettre à la loi : il se condamna lui-même à l'exil.

Il quitta donc Calydon avec Déjanire et leur tout jeune fils, Hyllos, pour aller s'installer à Trachis, dans le sud de la Thessalie. Kéyx, neveu d'Amphitryon et cousin d'Hèraklès, était prêt à les accueillir...

Le chemin qu'ils suivaient leur faisait une nécessité de franchir le fleuve Événos. À l'endroit où se faisait la traversée, un centaure, Nessos, exerçait les fonctions de passeur, moyennant paiement. Hèraklès, prenant les devants, traversa le fleuve avec l'enfant ; mais il confia au centaure le soin de faire passer son épouse. Or, au milieu du fleuve, le centaure entreprit de violer Déjanire. Elle se débattit, poussa des cris, appelant son mari à son secours… Et, comme le centaure, dérouté par la résistance qu'elle lui opposait, prenait pied sur la rive, il reçut en pleine poitrine une flèche tirée par Hèraklès. Avant de revenir sur ses pas, le héros, tranquille d'avoir vu s'écrouler l'agresseur, s'assura que l'enfant se trouvait en sécurité. Pendant ce temps, le centaure expirant parlait à Déjanire :

— Fille d'Oïneus, puisque tu aimes tellement ton époux, notre aventure peut encore te porter bonheur : je peux te donner le moyen de le rendre toujours fidèle : recueille un peu de mon sang qui est en train de s'écouler… Si jamais tu doutes un jour de sa loyauté, tu prépareras un philtre, et tu y mêleras mon sang ; puis tu imprégneras une tunique avec ce philtre et tu t'arrangeras pour qu'il la porte… C'est un puissant charme d'amour qui le rendra fidèle à jamais…

Déjanire obéit : vite, elle recueillit un peu de sang sur la plaie du centaure. Et elle le mit précieusement de côté.

*

Déjanire et Hyllos vécurent à Trachis, tandis que le héros, tantôt près, tantôt loin, courait bien d'autres aventures, accomplissait toutes sortes d'exploits…

C'est ainsi qu'il mena une guerre victorieuse contre Eurytos et ses fils avec lesquels il avait eu un différend. Quand il eut pris la ville et tué ses ennemis, il emmena en captivité Iole, fille d'Eurytos, dont il devint amoureux.

Avant de regagner Trachis, il s'arrêta non loin de là, à l'extrême pointe de l'île d'Eubée : il voulait y fonder un sanctuaire de Zeus, pour célébrer sa victoire. Tandis qu'il prenait les dispositions nécessaires et faisait les apprêts d'un grand sacrifice, il envoya en ville, à Déjanire, le butin de guerre et les captives, parmi lesquelles se trouvait Iole… Or, par l'indiscrétion d'un messager trop bavard, Déjanire apprit qui était la jeune fille, et pourquoi Hèraklès la ramenait avec lui : non pas comme une simple captive destinée à devenir esclave, mais pour en faire sa concubine.

Le cœur mordu de jalousie devant la jeunesse et la beauté d'Iole, Déjanire se souvint alors des conseils du centaure Nessos…

Elle prépara le philtre… Elle en imprégna une tunique et la confia au messager :

— Lichas, remets ceci à ton maître, mon

époux. Dis-lui qu'en priant pour son retour, j'ai fait vœu à Zeus qu'au premier sacrifice qu'il lui offrirait, il serait revêtu d'une tunique neuve, tissée de mes mains… Qu'il accomplisse mon vœu ! Dis-lui aussi de ne pas exposer la tunique au soleil ni à la flamme d'un foyer, de ne laisser personne la porter avant lui : elle ne doit paraître à la lumière que sur lui, à l'occasion du sacrifice à Zeus.

Pour imprégner du philtre la tunique, Déjanire avait employé un flocon de laine. Quand elle l'avait jeté, il était tombé dans un rayon de soleil. Or, une heure ou deux après le départ du messager, elle s'aperçut avec terreur qu'il s'était racorni, rabougri, comme consumé sans flamme, au point de n'être plus qu'une affreuse trace écumante, comme la bave mousseuse d'un serpent… L'hydre !… l'hydre de Lerne ! La pointe de la flèche qui avait tué Nessos était enduite du venin de L'hydre ! Et Nessos, bien sûr, le savait : elle s'était laissé tromper ! Mourant dans d'atroces souffrances, il avait trouvé ce moyen de se venger après la mort ! Son sang était porteur de la malédiction vénéneuse de l'hydre. Et envoyer à Hèraklès une tunique teinte du sang de Nessos, c'était lui envoyer le poison mortel qu'il avait lui-même puisé dans le corps de sa plus hideuse ennemie !

Au même instant, à l'arrivée de Lichas, Hèraklès, qui venait de commencer le sacrifice, reçut avec joie le présent de son épouse : il enfila aussitôt le fin vêtement, et, tout fier, il reprit le fil des rites. La flamme parfumée de pin commençait à s'élever au ciel, portant au dieu le sang des victimes. Le sacrificateur, Hèraklès, tout proche du foyer, commença à transpirer… Soudain, il sentit la tunique se coller à ses flancs, comme on le voit sur les statues, et la brûlante morsure du venin pénétrer jusqu'à ses os !…

Il appela Lichas, qui ne sut que dire :

— J'ignore tout ! Je t'ai apporté le présent tel que je l'ai reçu.

Les poumons transpercés d'une atroce douleur, Hèraklès le saisit par un pied, et, le faisant tournoyer, il l'envoya s'écraser contre un rocher, parmi les vagues…

Il aperçut Hyllos, son fils. Celui-ci arrivait à l'instant même de Trachis, et il apportait d'affreuses nouvelles : de désespoir, sa mère, Déjanire, venait de se poignarder après avoir expliqué la ruse du centaure…

— Nessos ? Alors, c'en est fait de moi ! Les oracles se recoupent… L'un d'eux m'avait promis que je trouverais la paix… Je comprends de quelle paix il parlait ! C'est de la mort qu'il s'agit !… Un autre m'avait annoncé qu'elle ne me viendrait pas d'un vivant ! Et… voilà : c'est un mort qui me tue !

Hèraklès se tordait de douleur, et se roulait sur la terre en hurlant, tellement sa souffrance était abominable. Il fit jurer à Hyllos qu'il allait accomplir ce qu'il lui ordonnerait…

— Fais-moi transporter au sommet du mont Oïta. Là-bas, avec des branches de chêne et d'olivier sauvage, tu dresseras un bûcher, tu m'y feras déposer… puis, avec une torche enduite de résine, tu mettras le feu.

— Jamais !… Mon père…

— Prends garde ! Si tu es mon fils, tu seras capable, sans te lamenter, de me rendre ce dernier service… Ou, sinon, la malédiction paternelle est sur toi !

— Je dresserai le bûcher, mon père, mais je ne pourrai jamais l'enflammer!...

— Si, tu le dois, je le veux!

*

Dans un crépitement assourdissant, le bûcher disparaissait parmi les flammes qui montaient jusqu'au ciel, et une âcre fumée noire l'enveloppait de plus en plus, le dérobant peu à peu aux yeux des spectateurs. Ils avaient dû reculer pour se mettre à distance de la fournaise, et c'est de loin qu'ils contemplaient la dernière trace enflammée du héros en ce monde.

Ceux qui s'étaient le plus écartés furent les premiers à entendre gronder le tonnerre. Pas de doute! Un formidable orage venait accompagner de ses tambours à sec les funérailles du héros. Et l'on vit s'amasser de gros nuages noirs: obscurcissant le ciel à leur tour, ils vinrent se mêler aux fumées du bûcher. Bientôt le tonnerre et la foudre se mirent de la partie: jamais aucune oreille humaine n'avait entendu un tel fracas.

On aurait dit que les éléments déchaînés

luttaient les uns contre les autres : feu contre feu et flamme contre flamme, et l'horreur des nuées contre la fumée noire. Mais, à la fin, l'orage recouvrit tout entier le bûcher : on n'entendit plus que la voix épouvantable du tonnerre – comme jamais on ne l'avait entendue ! Les assistants étaient pétrifiés. Nul ne pouvait douter… là-dedans, quelqu'un parlait : Zeus !

Mais il n'était pas seul à l'œuvre. Au plus fort de la foudre, nous avions tous cessé de voir ce qui nous environnait… Quand le silence revint, quand reparut aux yeux de tous la lumière éclatante du jour, moi, je restai dans les ténèbres. À entendre tout le monde s'étonner – plus de feu crépitant, ni flamme, ni fumée ! –, je compris ce qui m'arrivait et je poussai un cri : « Seigneur aux voies obliques, Apollon, tu es donc là, toi aussi ! »

La main du dieu prophétique de Delphes était posée sur moi depuis longtemps, puisque c'est lui qui donne la parole aux aèdes… Mais elle venait de se faire brusquement plus lourde à mon épaule : il me rendait aveugle – pour me faire voyant !

Autour de moi j'entendais s'exprimer la stupéfaction : les restes calcinés du bûcher témoignaient seuls de ce qui s'était passé… Mais quoi ?… Ils étaient froids et, quand on voulut recueillir, suivant la coutume, les cendres du héros, pour les ensevelir dans une boîte d'or, on ne trouva plus rien. Rien !… aucun reste du corps… aucun reste des armes… Rien !…

Or, au milieu de l'agitation renaissante, dans le brouhaha qui gagnait, une force irrésistible s'emparait de mon cœur et m'obligeait à parler :

— Pourquoi chercher parmi les morts celui qui est parmi les dieux ?

On se retourna vers moi :

— Qu'est-ce que tu racontes ? Viens plutôt nous aider à retourner les cendres plus profond…

— Incrédules ! Pourtant, vous avez tremblé, à entendre rouler le char de Zeus audessus de vos têtes. Vous avez fermé les yeux devant l'éclat de sa foudre ! Et vous imaginez qu'il ne s'est rien passé !

« Zeus est venu prendre son fils pour l'emmener dans l'Olympe. Je vous le dis : Hèraklès est un dieu, désormais, parmi les dieux. Hèra, enfin réconciliée avec lui, va lui donner pour épouse sa fille, Jeunesse éternelle.

« Par la bouche de sa Pythie, Phoïbos-Apollon le lui avait promis, et voilà qu'à mon tour il s'est emparé de ma voix pour vous le dire.

Épilogue

Le jeune homme qui guidait l'aède aveugle et s'instruisait auprès de lui des secrets de son art était enfin revenu. Tous deux avaient repris la route, et les Cercopes les regardaient s'éloigner à petits pas.

*

— Elle était bien, sa cithare… On aurait peut-être quand même dû la lui piquer, non?

— Tais-toi!… Sur terre, maintenant, il est aveugle, mais, dans son cœur, il voit les dieux…

*

— Mais, Phêmios, ce sont deux affreux brigands!

— Petit, ce sont d'affreux brigands, mais ce sont des amis !... Si tu veux, j'essaierai de t'expliquer ça en marchant... Mais ne traînons pas : le chemin est encore long pour arriver jusqu'à la sage Athènes...

Le monde méditerranéen

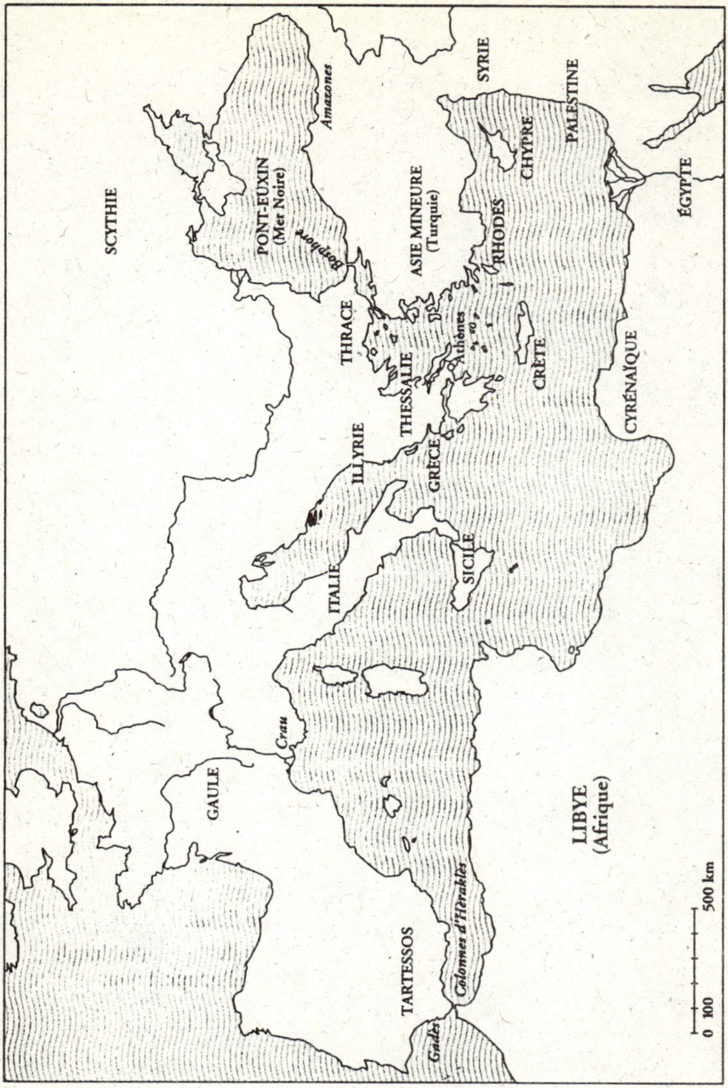

Microdictionnaire de quelques auteurs, lieux et notions à propos d'Hèraklès

Abdère ville de Thrace, fondée, à en croire la légende, par Hèraklès. Elle fut la patrie du grand philosophe Démocrite (460 env.-370 env. av. J.-C.).

Abdèros compagnon d'Hèraklès. C'est en mémoire de lui qu'Hèraklès aurait fondé la ville d'Abdère.

Aberration personnification de l'égarement de l'esprit qui fait commettre des actes que l'on aime mieux ne pas essayer d'expliquer.

Achaïe région nord du Péloponnèse. Son nom a parfois servi à désigner l'ensemble de la Grèce.

Admète fille d'Eurysthée, prêtresse d'Hèra.

aède « chanteur », c'est-à-dire poète et compositeur des premiers temps de la Grèce qui interprétait ses propres œuvres et celles d'autres aèdes, en s'accompagnant à la cithare. Le type même des aèdes est Homère, l'auteur – légendaire ? – de l'*Iliade* et de l'*Odyssée*.

Agrios centaure tué par Hèraklès.

aigle animal emblématique de Zeus.

Alcmène mère d'Hèraklès, épouse d'Amphitryon.

Alkaïos père d'Amphitryon, « grand-père » d'Hèraklès.

Alkeïdès ou Alcide, *fils* ou *descendant d'Alkaïos:* premier nom d'Hèraklès.

Alphée fleuve du Péloponnèse.

Amazones « sans-mamelles » ou « avec une seule mamelle », selon le dialecte grec dans lequel on interprète leur nom ; peuple de femmes guerrières des bords de la mer Noire, à l'est de l'actuelle ville turque de Samsun.

Amphiôn centaure tué par Hèraklès.

Amphitryon époux d'Alcmène, père putatif d'Hèraklès.

Anchios centaure tué par Hèraklès.

Antée géant tué par Hèraklès en Libye.

Antiquité période conventionnelle de l'histoire, qui commence avec l'invention de l'écriture (vers 3000 av. J.-C., en Mésopotamie et en Égypte) et se termine en 476 ap. J.-C., avec la prise de Rome par Odoacre, roi des Hérules, qui mit fin à l'existence de l'Empire romain d'Occident.

Apollodore mythographe de date inconnue. Il raconte les aventures d'Hèraklès au livre II de son ouvrage intitulé traditionnellement *La Bibliothèque*.

Apollon dieu du soleil, sous le nom de Phoïbos (le *brillant*, en latin *Phœbus*), des arts et de la médecine. Ses redoutables rayons sont assimilés aux flèches d'un archer. Il est le frère jumeau d'Artémis-Phoïbè.

apologue brève histoire ou petit tableau dans lesquels on montre une chose pour donner l'idée d'une autre. La fable de La Fontaine *Le Loup et l'Agneau* est un apologue.

apothéose transformation en dieu.

Arcadie région centrale du Péloponnèse.

Arès dieu de la guerre ; Mars chez les Latins.

Argéios centaure tué par Hèraklès.

Argiens habitants d'Argos, ou, plus généralement, de l'Argolide. Le nom a parfois servi à désigner l'ensemble des Grecs.

Argolide région d'Argos, dans le Péloponnèse.

Argos ville du Péloponnèse, capitale de l'Argolide.

Artémis déesse vierge de la lune, sous le nom de Phoïbè (la *brillante, Phœbe* en transcription latine), et de la chasse. Quand une femme mourait en couches, on la disait frappée par une de ses flèches. Elle est la sœur jumelle d'Apollon-Phoïbos. Diane chez les Latins.

Athèna déesse vierge – et guerrière – de la raison et de l'habileté artistique ; Minerve chez les Latins.

Athènes la plus célèbre des villes de la Grèce antique, capitale de la Grèce actuelle.

Atlas Titan qui, d'après la mythologie, soutient la voûte du ciel. Il est souvent assimilé au mont Atlas, qui se trouve aujourd'hui au Maroc.

Attique la région d'Athènes.

Augias roi d'Élide, dans le Péloponnèse.

Aurore personnification divine des premières lueurs de l'aube.

Béotie région de Thèbes, en Grèce centrale.

Bistones peuple thrace sur lequel règne Diomède.

Bosphore mot à mot *Pas* (passage) *de la Vache,* détroit qui sépare l'Europe et l'Asie, entre la Propontide (actuelle mer de Marmara) et le Pont-Euxin (actuelle mer Noire). À son entrée sud se trouve la ville qui fut Byzance, puis Constantinople, et qui est actuellement Istanbul. Ce détroit doit son nom à la légende d'Iô, jeune fille d'Argos aimée de Zeus et transformée en vache par la jalousie d'Hera.

Busiris roi (pharaon) d'Égypte.

Cacus bandit qui vole à Hèraklès quelques-unes des vaches de Géryon, sur le site où devait s'élever plus tard la ville de Rome (d'où la terminaison latine de son nom, qui est pourtant le mot grec signifiant *méchant*).

Calydon ville d'Étolie dont le roi, Oïneus, est le père de Méléagre et de Déjanire.

Caucase montagne qui s'étend de la mer Noire à la mer Caspienne et sépare, dans cette région, l'Europe de l'Asie.

centaures êtres fabuleux, mi-hommes mi-chevaux.

Cerbère chien monstrueux qui garde l'entrée des enfers.

Cercopes bandits faits prisonniers puis relâchés par Hèraklès.

Chiron centaure plein de sagesse. D'autres traditions font de lui le précepteur d'Achille, le héros de la guerre de Troie.

Chrysaor « Glaive d'Or », père de Géryon.

Chypre grande île de la Méditerranée orientale.

Cnossos ville de l'ancienne Crète. On peut y voir de nos jours les ruines d'un palais labyrinthique, peut-être celui qui a donné naissance à la légende du Minotaure.

Corinthe ville du Péloponnèse, au bord du golfe et au débouché de l'isthme qui portent son nom.

Crau nom actuel de la plaine caillouteuse située à l'est du delta du Rhône.

Créon nom de plusieurs rois de Thèbes, en Grèce continentale.

Crète grande île de la Méditerranée orientale. Elle fut le centre d'une très brillante civilisation, avant d'être conquise par les Grecs.

Crétois ils étaient réputés pour leur adresse au tir à l'arc.

Cronos Titan, père de Zeus, détrôné par son fils, qui devint roi des dieux à sa place.

Cul-Noir en grec *Mélampugos*.

Danaos roi légendaire d'Argos venu d'Égypte avec ses cinquante filles, les *Danaïdes*.

Daphnis centaure tué par Hèraklès.

Déjanire sœur de Méléagre, fille d'Oïneus, roi de Calydon, et dernière épouse d'Hèraklès sur terre.

Delphes ville de la Grèce centrale, où il y avait un sanctuaire fameux du dieu Apollon. Les oracles y étaient rendus par une prêtresse qu'on appelait la Pythie.

Dèmèter la Terre Mère, déesse des cultures, en particulier du blé ; Cérès chez les Latins.

Diodore de Sicile historien et mythographe (Ier s. av. J.-C.). Il raconte les aventures d'Hèraklès au livre IV de sa *Bibliothèque historique*.

Diomède roi légendaire du peuple thrace des Bistones.

Dionysos dieu de la vigne et du vin, mais aussi du foisonnement de la végétation sauvage ; Bacchus chez les Latins.

Doupon centaure tué par Hèraklès.

Élatos centaure tué par Hèraklès.

Éleusis ville de l'Attique, où se trouvait le sanctuaire de Demeter le plus important du monde grec.

Élide région occidentale du Péloponnèse.

enfers sans majuscule : lieux souterrains où les morts se trouvent, à l'état d'ombres sans consistance. Ne pas confondre avec l'Enfer chrétien : pour les Anciens, les enfers n'étaient pas spécialement un lieu de punition des méfaits accomplis sur terre. Si c'est un lieu redoutable, c'est seulement parce qu'il figure la mort.

Épire région du nord-ouest de la Grèce.

Erginos roi des Minyens d'Orchomène, dans le voisinage de Thèbes.

Éridan fleuve, le plus souvent assimilé au Pô.

Érymanthe mont et fleuve d'Arcadie, aux confins de l'Élide.

Érythéia *la Rougeoyante,* île « de l'autre côté de l'Océan » ; assimilée à l'ancienne Gadès, c'est-à-dire l'actuelle Cadix : depuis l'Antiquité, elle a été rattachée au continent par les ensablements dus aux fleuves qui débouchent à proximité.

Eubée grande île de la mer Égée, voisine de l'Attique et de la Béotie.

Eumolpos prêtre de Demeter, à Éleusis. C'est l'ancêtre légendaire d'une des deux familles sacerdotales d'Éleusis, d'où sortit le poète Eschyle.

Europe princesse tyrienne. Selon la mythologie, Zeus, qui était amoureux d'elle, prit pour l'enlever la forme d'un taureau.

Eurotas fleuve qui arrose la plaine de Sparte, la Laconie.

Eurysthée cousin d'Hèraklès, descendant de Zeus par Persée, son grand-père.

Eurytion bouvier, c'est-à-dire gardien des bœufs, de Géryon.

Eurytos ennemi d'Hèraklès, père d'Iole.

Événos fleuve de la Grèce centrale.

Félicité figure allégorique du bonheur facile dans l'*Apologue de Prodicos* (chapitre IV) : la même que *Malignité*.

Filles du Soir en grec les *Hespérides* (voir ce nom).

Géryon géant à trois corps tué par Hèraklès.

Gorgone monstre légendaire dont le regard transformait en pierre ; elle fut tuée par Persée.

Grèce dans l'Antiquité, le monde grec s'étendait au-delà des limites de la Grèce actuelle : il y avait de nombreuses cités grecques en Asie Mineure (l'actuelle Turquie), ainsi qu'en Italie du Sud, en Sicile et en Égypte.

Hadès dieu des morts. Son nom, précédé de l'article, l'Hadès, désigne parfois son royaume lui-même. Chez les Latins, il est désigné par un autre nom grec : Pluton, c'est-à-dire le *Riche,* car son royaume s'enrichit sans cesse de nouveaux habitants.

Hèbè *Jeunesse*, déesse fille de Zeus et d'Hèra qui est donnée pour épouse à Hèraklès quand il entre dans l'Olympe.

Hèphaïstos fils de Zeus et d'Hèra, dieu du feu, ainsi que des métaux et de la métallurgie ; chez les Latins : Vulcain.

Hèra grande déesse du mariage légitime, épouse de Zeus ; Junon chez les Latins.

Hèraklès fils de Zeus et d'Alcmène ; Hercule chez les Latins.

Hespérides *Filles du Soir;* ou plutôt, *petites-filles du Soir,* si l'on adopte la tradition qui en fait les filles d'Atlas et d'Hespéris, elle-même fille d'*Hespéros* (le *Soir,* nom donné à l'étoile du soir). Chez le poète Hésiode (*Théogonie*, v. 215 et suiv.), elles sont filles de la *Nuit*. Et il y a encore d'autres versions… De toute façon leur nom exprime le fait qu'elles habitent l'extrême Occident.

Hippolyte reine légendaire des Amazones.

Hippotiôn centaure tué par Hèraklès.

Homère (VIIIe-VIIe s. av. J.-C. ?) le grand poète par excellence dans la culture occidentale, auteur de l'*Iliade* et de l'*Odyssée*. Ici, la fin du chapitre III s'inspire de l'*Iliade* (XIX, 95-133).

Hyllos fils d'Hèraklès et de Déjanire.

Ibérie la péninsule Ibérique : l'Espagne et le Portugal actuels.

Ilithye fille de Zeus et d'Hèra, divinité secondaire qui préside aux enfantements.

Illyrie les régions actuelles de l'Albanie, du Monténégro, de la Bosnie-Herzégovine et du sud de la Croatie, le long de la mer Adriatique – tout l'ouest de l'ex-Yougoslavie.

Iolaos fils d'Iphiklès et neveu d'Hèraklès.

Iole fille d'Eurytos, emmenée en captivité par Hèraklès.

Iphiklès demi-frère d'Hèraklès.

Isoplès centaure tué par Hèraklès.

Jardin des Hespérides fabuleux jardin des dieux au-delà de l'extrémité du monde, sur lequel veillaient les Filles du Soir.

Jeunesse éternelle voir *Hébè*.

Kérynia localité d'Achaïe, dans le nord du Péloponnèse.

Kéyx ou Céyx, roi de Trachis, neveu d'Hèraklès.

Korè fille de Demeter ; sous le nom de Perséphone, elle est la déesse des morts, auprès de son époux Hadès.

Laconie la région de Sparte, le sud-est du Péloponnèse.

Ladon nom de deux rivières du Péloponnèse, dont l'une se jette dans l'Alphée, l'autre dans le Pénée. C'est au bord de l'une d'entre elles qu'Hèraklès parvient à s'emparer de la biche de Kérynia.

Lapithes peuple de Thessalie.

Lerne localité d'Argolide.

Libye dans l'Antiquité, ce nom désignait l'ensemble du continent africain, encore largement inconnu, bien que des marins phéniciens en aient sans doute fait le tour sous le règne du pharaon Néchao (609-594 av. J.-C.).

Lichas serviteur d'Hèraklès.

Ligurie dans l'Antiquité grecque, ce nom désignait les régions côtières du sud-est de la Gaule et du nord-ouest de l'Italie. Dans l'Italie actuelle, la province de Gênes s'appelle toujours ainsi.

Linos maître de cithare, de musique et de poésie d'Hèraklès.

Lune en grec Sélènè, ou la déesse Artémis-Phoïbè.

Malée cap du sud-est du Péloponnèse.

Malignité figure allégorique du bonheur facile dans l'*Apologue de Prodicos :* la même que *Félicité*.

Marathon bourg de l'Attique. Le taureau ramené de Crète par Hèraklès est ensuite tué par Thésée dans la plaine de Marathon. Celle-ci fut le lieu, en 490 av. J.-C., d'une bataille où les Athéniens et les Platéens furent vainqueurs des envahisseurs perses. La tradition raconte qu'un soldat courut jusqu'à Athènes pour porter la nouvelle de la victoire, mais qu'il mourut ensuite d'épuisement. C'est en mémoire de lui qu'il y a aujourd'hui, dans les Jeux olympiques modernes, une course de fond appelée *marathon,* dont la longueur (42,195 km) correspond à la distance de Marathon à Athènes.

Mégara première épouse d'Hèraklès.

Mélanchaïtès centaure tué par Hèraklès.

Méléagre héros étolien, frère de Déjanire ; Hèraklès le rencontre aux enfers, parmi les morts.

Melkart dieu phénicien, assimilé par les Anciens à Hèraklès.

Ménoïtès bouvier qui garde les vaches d'Hadès, dans l'île d'Érythéia.

Minos roi légendaire de la Crète. Ce nom est peut-être dérivé d'un ancien titre royal de la très brillante civilisation préhellénique de la Crète.

Minyens peuple voisin de Thèbes, ayant pour capitale Orchomène.

Molorcos paysan de la région de Némée.

Mycènes ville d'Argolide sur laquelle règne Eurysthée.

mythes récits traditionnels à propos des dieux et des héros; ils étaient parfois destinés à expliquer des rites dont le sens premier s'était perdu.

mythologie ensemble des mythes d'un peuple ou d'un groupe de peuples tels qu'on les trouve rapportés ou évoqués dans leurs textes littéraires ou dans leurs traditions orales.

Némée localité de l'Argolide.

Nérée divinité marine, généralement représentée sous la forme d'un vieillard.

Nessos centaure qui, moyennant rétribution, fait passer le fleuve Événos aux voyageurs.

Notos vent du sud.

Nuée divinité secondaire, mère des centaures; elle envoie une pluie diluvienne pour aider ses enfants.

nymphes divinités des eaux.

Oblique en grec *loxias*, épithète du dieu Apollon, dont les oracles n'étaient jamais clairs, mais avaient toujours besoin d'être interprétés par ses prêtres.

Océan dans l'ancienne mythologie, fleuve qui coule tout autour du monde.

Oïneus roi de Calydon, en Étolie, père de Méléagre et de Déjanire.

Oïta ou Oïtè ou Œta, lieu de l'apothéose d'Hèraklès: montagne, au sud de la Thessalie, sur laquelle il fait dresser son bûcher.

Olympe montagne des confins de la Thessalie et de la Macédoine; dans l'imagination des anciens Grecs, son sommet – inaccessible – était le séjour des dieux.

oracle réponse faite par un dieu à une question posée par un fidèle. Le mot désigne aussi le sanctuaire oraculaire lui-même. L'oracle d'Apollon, à Delphes, était un des plus célèbres de l'Antiquité.

Oréios centaure tué par Hèraklès.

Orthos ou Orthros, chien de Géryon.

Péloponnèse péninsule du sud-ouest de la Grèce.

Pénée fleuve du Péloponnèse. Ne pas le confondre avec son homonyme de Thessalie.

Persée héros, fils de Zeus et de Danaè.

perséide fils, fille, descendant ou descendante de Persée.

Perséphone déesse des enfers ; Proserpine chez les Latins ; voir *Korè*.

Phêmios personnage ajouté ici aux récits traditionnels à propos d'Hèraklès. Il y a, dans l'*Odyssée,* d'Homère, un aède nommé Phêmios, qui n'est pas aveugle, et qui exerce son art dans le palais d'Ulysse, à Ithaque. La tradition raconte qu'Homère lui-même était aveugle, tout comme le devin thébain Tirésias.

Phéniciens peuple de marins et de commerçants, habitant la côte orientale de la Méditerranée. La Phénicie antique correspondait à peu près au Liban actuel.

Phoïbos-Apollon voir Apollon.

Pholos centaure, ami d'Hèraklès.

Phrixos centaure tué par Hèraklès.

Phyleus fils d'Augias, ami d'Hèraklès.

Pilleuse épithète d'Athèna, car elle est aussi une déesse guerrière.

Pirithoos héros lapithe, ami de Thésée.

Pont-Euxin en grec « mer accueillante aux voyageurs », comme pour se concilier ses bonnes grâces, alors qu'en fait les tempêtes y sont redoutables. Comparer avec notre océan *Pacifique*.

Poséidon dieu de la mer et des eaux ; chez les Latins : Neptune.

Prodicos sophiste (professeur de rhétorique) auteur de l'apologue *(Hèraklès entre la Malignité et la Vertu)* rapporté au chapitre IV du présent livre, d'après Xénophon (*Mémorables,* II, 1, 21 & suiv.).

Prométhée Titan, bienfaiteur de l'humanité : pour lui venir en aide, il a dérobé le feu à Zeus, dieu de la foudre.

Psophis ville ou village au pied du mont Érymanthe.

Pygmées « grands comme le poing », peuple légendaire de l'ancienne Libye, à ne pas confondre avec le peuple africain réel à qui l'on a donné le même nom.

Pythie prêtresse d'Apollon qui rendait les oracles, dans le sanctuaire de Delphes.

Rhadamante frère de Minos.

Sarpédon frère de Minos.

Sauveur épithète de Zeus.

Scythes ancien peuple qui vivait sur le territoire de la Russie actuelle.

Soleil en grec *Hêlios,* ou Phoïbos-Apollon.

Sophocle (495 env.-405 av. J.-C.) l'un des grands poètes dramatiques du ve s. athénien. Ici, le chapitre XVI s'inspire de sa tragédie intitulée *Les Trachiniennes.*

Sparte ville du Péloponnèse, rivale d'Athènes à l'époque classique.

Sthénélos père d'Eurysthée, fils de Persée et d'Andromède.

Stymphale localité et lac d'Arcadie.

Tartessos royaume à demi légendaire du sud-ouest de l'Ibérie, à proximité de l'actuelle Cadix.

Taygète montagne du Péloponnèse, à l'ouest de la plaine de Sparte.

Ténare (cap) pointe sud du Péloponnèse.

Terre Mère la déesse Demeter.

Thèbes capitale de la Béotie.

Thémiskyra ville des Amazones, sur la côte sud de la mer Noire, au sud-est de la ville turque actuelle de Samsun.

Théocrite poète grec (1re moitié du IIIe s. av. J.-C.). Le début du chapitre IV s'inspire de son *Idylle* XXIV, les chapitres I, VII, VIII et IX s'inspirent en partie de l'*Idylle* XXV du pseudo-Théocrite.

Thèrèios centaure tué par Hèraklès.

Thermodon fleuve du pays des Amazones, l'actuel *Terme Çayı*.

Thésée héros athénien, plus jeune qu'Hèraklès. Il sera le vainqueur, en Crète, du monstre appelé Minotaure.

Thessalie dans l'Antiquité, région de la Grèce du Nord. Vu l'emplacement des frontières modernes, elle se trouve située de nos jours en Grèce centrale.

Thrace région située au nord de la mer Égée.

Tirésias devin légendaire de Thèbes.

Tirynthe ville d'Argolide.

Titans divinités de la génération précédant celle de Zeus (les Olympiens).

Trachis ville de la Grèce centrale, au sud de la Thessalie.

Trètos mont de la région de Némée.

Typhon le pire des monstres primitifs enfantés par l'antique Gaïa (la Terre, à distinguer de la Terre Mère).

Vertu figure allégorique de la bonne manière de vivre, dans l'*Apologue de Prodicos* (chapitre IV).

Vieillard de la Mer une façon de désigner les divinités comme Nérée.

Vipère un des monstres primitifs.

Xénophon écrivain et homme politique athénien (430 env.-355 av. J.-C.). Une partie du chapitre IV s'inspire d'un passage des *Mémorables* (II, 1, 21 & suiv., l'*Apologue de Prodicos*).

Zeus dieu suprême de la mythologie grecque ; le Jupiter des Latins.

Table des matières

Castor Poche

Des livres pour toutes les envies de lire,
envie de rire, de frissonner,
envie de partir loin
ou de se pelotonner dans un coin.

Des livres pour ceux qui dévorent.
Des livres pour ceux qui grignotent.
Des livres pour ceux qui croient ne pas aimer lire.
Des livres pour ouvrir l'appétit de lire et de grandir.

Castor Poche rassemble des textes du monde entier ; des récits qui parlent de vous mais aussi d'ailleurs, de pays lointains ou plus proches, de cultures différentes ; des romans, des récits, des témoignages, des documents écrits avec passion par des auteurs qui aiment la vie, qui défendent et respectent les différences. Des livres qui abordent les questions que vous vous posez.

Les auteurs, les illustrateurs, les traducteurs vous invitent à communiquer, à correspondre avec eux.

Castor Poche
Atelier du Père Castor
4, rue Casimir-Delavigne
75006 PARIS

Castor Poche, des livres pour toutes les envies de lire : voici une sélection de contes, légendes et récits du monde entier.

775 17 contes du bouddhisme **Junior**

par Thalie de Molènes

En 566 avant notre ère, naquit au Népal le prince Siddhartá, plus connu sous le nom de Bouddha. Sa pensée donna naissance au bouddhisme. Son enseignement prend vie dans ces dix-sept contes, à travers des animaux gourmands et bavards, des hommes ignorants ou naïfs...un univers finalement très proche de la vie et des gens de tous les jours !

774 13 contes et récits d'Halloween **Junior**

par Françoise Rachmühl

Halloween ? On pense à un cortège de fantômes, de sorcières et de vampires, dans la lumières de grosses citrouilles jaunes, direz-vous. Mais savez-vous que cette fête est née il y a 3000 ans, chez les Celtes, pour célébrer la fin des récoltes et communiquer avec les morts ? Ce recueil vous dira tout sur Halloween, et fera de vous le spécialiste des histoires de chauve-souris... et de momies !

773 10 contes de Slovaquie **Junior**

par Maria Durickova et Peter Glocko

Entre Danube et Carpates, la Slovaquie abrite une culture populaire riche en images et originale. Que l'on soit prince ou jeune paysanne, c'est au roi du temps que l'on demande conseil dans ces dix contes, ou bien aux douze mois de l'année, à la lune, au soleil et au vent... La nature et les saisons y dictent une loi plus forte que celle des rois : la poésie.

772 10 contes des Mille et une nuits **Junior**

par Michel Laporte

Il était une fois, à la cour du sultan des Indes, la fille du grand-vizir, Schéhérazade...qui toutes les nuits racontait au prince un nouveau conte. C'est ainsi que naquirent Ali Baba et les quarante voleurs, mais aussi Hassan le cordonnier, la fée Péri Banou, et le petit bossu... Entrz dans cet univers merveilleux où les pêcheurs parlent aux poissons et les princes épousent des fées.

771 Perceval **Senior**

par Camille Sanders

«Il était une fois un roi nommé Arthur, et un château abritant le Graal...» Ces mots magiques ont bercé le Moyen Âge avant de parvenir jusqu'à nous. Mais ils ont d'abord guidé Perceval dans sa quête impossible de la mystérieuse coupe, faisant de ce jeune garçon simple un des plus célèbres chevaliers de la Table Ronde.

770 10 contes du Japon **Senior**

par Rafe Martin

Univers envoûtant des samouraïs et des geïshas, le Japon est aussi une île de poésie et de rêve. On y raconte qu'un peintre donna naissance à des chats en les peignant, qu'une jeune fille fut blessée lorsqu'on entailla l'arbre qui porte son nom... dans ces dix contes la nature et le fantastique ne font qu'un.

769 Les quatre fils Aimon **Senior**

par François Suard

Savez-vous que le règne de Charlemagne fut ponctué de rivalités entre princes et seigneurs, jonché de cadavres ? Le plus célèbre témoignage en est l'histoire des quatre fils Aimon, et les épisodes multiples de leurs luttes familiales, dans cet univers de chevalerie...où les idéaux de fidélité et d'amitié ne sont pas toujours vainqueurs.

768 17 récits de pirates et de corsaires **Junior**
par Brigitte Coppin
Pirates et corsaires ont hanté toutes les mers, depios que les bateaux existent...Mais savez-vous ce qui les différencient ? Effroyables filous ou honnêtes hommes, Surcouf, les frères Barberousse et le célèbre Barbe-Noire, nous confient leurs destinées. À l'abordage !

729 15 contes juifs du monde entier **Junior**
par Howard Schwartz et Barbara Rush
Avez-vous déjà vu un ange sans ailes ? Venus du Yémen, d'Irak, du Maroc ou de Pologne, venus aussi du fond des temps, ces quinze récits brefs et colorés marient dans une langue simple le quotidien et le merveilleux, le déroutant et le familier.

728 Marseille, de Phocée à César **Senior**
par Dominique Buisset
Onze textes pour évoquer des légendes, des anecdotes, ou des épisodes marquants de l'histoire de Marseille dans l'Antiquité, depuis ses origines phocéennes (600 av. J.-C.) jusqu'à la prise de la ville par Jules César.

727 10 récits de la danse classique **Senior**
par Anne-Marie Pol
Univers de grâce et de beauté, la danse classique est aussi synonyme de souffrances, de rivalités. Ces récits présentent les plus grands maîtres de la discipline, des bals à la cour du roi, jusqu'aux premières danseuses sur pointes.

726 **10 contes du Grand Nord** **Junior**

par Howard Norman

Venus du Groënland, d'Alaska ou de Sibéris, ces dix contes tirés de la tradition inuit nous invitent à plonger dans un monde où l'on épouse les mouettes, où les visiteurs impolis sont punis par les morses, et où les rêves des enfants font venir les oies...

703 **12 contes de Guyane** **Junior**

par Yves-Marie Clément

Ne cherchez ni fées ni baguettes magiques dans ces contes de la Russie des tsars. Ils sont le règne des pommes rajeunissantes, de l'eau vivifiante, de la ravissante Vassilissa, du preux Ivan et surtout... de l'affreuse Baba-Yaga !

702 **7 récits des premiers trains** **Junior**

par Michel Ehret

En sept récits allant de Londres à Bombay, ou de Venise au Caire, revivez la fantastique aventure des pionniers du rail. Prouesses techniques, voyages féeriques : le monde des trains a de tous les temps fasciné puissants et enfants.

695 **7 contes d'Irlande** **Senior**

par Anne Pons

Contré enchantée, l'Irlande est le royaume des druides et des chevaliers, de saint Patrick et de Deirdre des douleurs, de Cuchulain et des vaches de Cooley. Voyage au cœur de la mythologie celte...

687 14 contes de Russie **Senior**
par Robert Giraud
Ne cherchez ni fées ni baguettes magiques dans ces contes de la Russie des tsars. Ils sont le règne des pommes rajeunissantes, de l'eau vivifiante, de la ravissante Vassilissa, du preux Ivan et surtout… de l'affreuse Baba-Yaga !

680 16 contes de loups **Junior**
par Brigitte Coppin
Voici seize contes, pour passer des dents de la peur à la chaude fourrure de la tendresse, pour découvrir les multiples visages du loup dans l'imaginaire du monde, à travers tous les temps.

669 15 contes d'Amérique latine **Junior**
par Osvaldo Torres
Véritable « invitation au voyage », ces contes sillonnent l'Amérique latine toute entière. De la Patagonie au lac Titicaca, de l'Amazonie à la Pampa, ils célèbrent un univers magique, parfois surnaturel, où les animaux et la nature règnent en maîtres…

666 9 récits de Paris **Senior**
par Liliane Korb et Laurence Lefèvre
Saviez-vous que les Normands avaient attaqué Paris par la Seine ? Avez-vous déjà vu le Petit Homme Rouge aux Tuileries ? La Capitale regorge d'histoires, presque toutes vraies...

665 13 contes de l'Empire mongol **Senior**
par Laure de Cazenove et Odile Weulersse
Dans le désert des steppes, les caravanes avancent, doucement. Malgré ce calme apparent, nombreuses sont les aventures qui se déroulent autour des troupeaux. Genghis Khan passe par là et le vent se met à souffler très fort.

664 6 récits d'un château-fort **Junior**
par Jacqueline Mirande
Aujourd'hui il ne reste que des ruines. De Philippe-Auguste à Napoléon III, la vie et la mort d'un château-fort. Sa construction, ses aventures, ses batailles nous sont racontées à travers les siècles.

663 21 contes d'ours **Junior**
par Michel Bournaud
On dit souvent des ours qu'ils sont féroces et mal léchés... En Russie ils sont rois ; en Norvège ils volent le soleil ; en Amérique du Nord, ils sont si familiers qu'on les dit humains... Pour frissonner et rêver.

634 La légende d'Yvain, le chevalier au lion **Senior**
par Camille Sander
Yvain, chevalier à la cour du roi Arthur, part chercher l'aventure qui le consacrera aux yeux de tous comme un brave. Un lion le suit partout, pour affronter dragon, géant et démon qui le guettent...

625 19 contes du Limousin **Junior**
par Jan Dau Melhau
Un enfant gros comme un poing dans l'estomac d'un loup, un homme qui se mesure au diable… à la découverte du folklore occitan, ses mythes, contes moraux et contes d'animaux, facéties et démesures.

618 Les douze travaux d'Hercule **Junior**
par Dominique Buisset
— Hèraklès, chez les anciens Grecs, était un des héros les plus populaires de la mythologie.
— Vous parlez d'Hercule?
— Il s'appelait Hèraklès! Au terme d'une vie d'épreuves….Il fut récompensé par l'apothéose.
— L'apothé-quoi?
— Oh! La barbe!…. Vous n'avez qu'à lire le livre vous-même!

617 La nuit de la Saint-Sylvain **Junior**

par Madeleine Ley

Les canaux sont gelés, les patineurs s'en donnent à cœur joie. Dans la nuit froide, un bateau est figé dans la glace, il n'existe que pour Barbara, juste pour elle, le temps de la nuit de la Saint-Sylvain.

605 Les aventures du chevalier Huon **Senior**

par François Suard

Huon de Bordeaux est condamné par Charlemagne à partir pour Babylone, loin, très loin. Il doit en rapporter la preuve de sa fidélité. Commence alors pour le beau chevalier un voyage aux confins du monde connu. Il y rencontre une fée, des créatures dangereuses, mais aussi l'amour…

588 La légende de Mélusine **Senior**

par Michèle Perret

Punie pour une faute qui ressemble plutôt à une grosse bêtise d'enfant, Mélusine est une jeune fée condamnée à errer, le plus souvent sous forme de serpent, jusqu'au jour où elle rencontrera un homme qui veuille bien l'épouser et ne jamais chercher à la voir le samedi. Le jeune Raymondin, perdu et désespéré, tombe amoureux d'elle et accepte ses conditions. Mais alors que la jalousie la tenaille, saura-t-il tenir sa promesse?

570 Contes de Vivek l'éléphant **Junior**

par Partap Sharma

En Inde, l'éléphant est le symbole de la sagesse, il protège les maisons et les hommes. Vivek l'éléphant et son jeune maître, Shintu, affrontent une terrible sécheresse et doivent quitter le village pour chercher de l'eau. Ces quatre contes indiens nous révèlent un monde bien loin du nôtre et sont un hymne à la générosité, à la sagesse.

Castor Poche, des livres pour toutes les envies de lire: pour ceux qui aiment les histoires d'hier et d'aujourd'hui, ici, mais aussi dans d'autres pays, voici une sélection de romans.

795 **Je veux MON chien!** **Junior**

par Colby Rodowsky

Ellie n'est pas contente, ce n'est pas un chien comme ça qu'elle voulait ! Depuis le temps qu'elle demandait à ses parents un petit chiot... elle se retrouve avec une espèce de vieux chien sans charme qui appartenait à sa grand-tante !

794 **L'arche des Noé** **Junior**

par Wendy Orr

M. et Mme Noé possèdent le plus grand et le plus merveilleux des magasins d'animaux. Ils l'ont appelé «l'arche des Noé». Leur bonheur serait complet... si seulement ils avaient des enfants! Or, le jour de ses sept ans, Sophie vient visiter leur magasin... Entre la petite fille et les Noé c'est le début d'une grande amitié.

793 **Le dernier loup** **Senior**

par Roland Smith

Tawupu, le grand-père de Jack, est retourné sur la terre de ses ancêtres,dans le désert de l'Arizona. Jack part l'y retrouver. Làbas, l'inquiétude monte : un loup rôde dans la région. Jack saurat-il protéger défendre l'animal alors qu'on organise sa mise à mort?

792 **Quatre poules maboules** **Junior**

par Robert Landa

Pour ne pas servir de dîner au fermier, Hugoline, Bruneheau, Rosette et la petite Prunelle, les quatre poules de la basse-cour, décident de s'enfuir. Elles se retrouvent au beau milieu d'une fête foraine: un tour de grande roue, un petit verre à la buvette, et nos quatre poules tournent maboules!

781 La princesse qui détestait les princes charmants — Junior

par Paul Thiès

Il était une fois une princesse qui s'appelait Clémentine, et qui ne voulait pas épouser de prince charmant. Elle détestait carrément les princes charmants ! Elle n'avait qu'un rêve, transformer tous les garçons en grenouilles, sauf son ami Cabriole…

780 L'araignée magique — Junior

par Nette Hilton

Jenny adore aller passer des vacances chez Violette-Anne, son arrière-grand-mère. Cette année, Jenny y découvre une invitée surprise : Pam, l'araignée à sept pattes. Cette araignée n'est pas ordinaire, et sa présence rappelle bien des souvenirs à Violette-Anne…

779 La fée Zoé — Junior

par Linda Leopold Strauss

Qui a dit que les fées avaient des ailes et une baguette magique ? Lorsque Zoé entre dans la vie de Caroline, elle a l'air d'une petite fille tout à fait ordinaire… et pourtant ! Tout le monde ne peut pas voler et faire parler les chats !

778 L'île du vampire — Junior

par Willis Hall

Rejeté à cause de ses ancêtres Dracula, les seuls amis du comte Alucard sont les loups de la forêt. Quand l'un d'eux est capturé, le comte improvise un sauvetage… qui se transforme en naufrage sur une île déserte !

767 Le quai des secrets — Senior

par Brigitte Coppin

Bretagne, 1529. Un navire espagnol fait escale à Nantes et y laisse une femme, Leonora, et son fils, Jason. Leonora rencontre Jean, médecin, et ensemble ils ont une fille, Catherine. Un jour, Jason dérobe un miroir pour l'offrir à une jeune villageaoise. Ce vol va entraîner la révélation de bien des secrets…

766 Le diable dans l'île — Senior

par Christian de Montella

1604. Un navire espagnol accoste une île des Terres australes. Fils du commandant, Diego comprend la barbarie de cette conquête, et se joint au combat, mais du côté des indigènes. Commence alors une vie nouvelle, heureuse. Mais bientôt des incidents troublent le quotidien de l'île : les habitant sont persuadés que l'esprit du mal est parmi eux. Qui est donc le diable qui hante l'île ?

765 Sans toit en Bosnie — Senior

par Els de Groen

Dans les ruines d'un village bosniaque, la guerre rôde. Seule Antonia y habite. Son but : survivre, afin d'aider trois adolescents, réfugiés dans la montagne proche. Un jour elle recueille Aida, rescapée d'un convoi de prisonniers. La vie est-elle encore possible pour tous ces adolescents ?

764 Le conquérant — Senior

par Marguerite de Angeli

XVIIIe siècle : entre guerres et maladies, le malheur frappe de nombreuses familles en Angleterre. Robin n'a que dix ans lorsqu'il perd l'usage de ses jambes. Il parviendra à vivre avec son handicap,mais un autre défi l'attend : sauver le château.

759 Monsieur Labulle super magicien **Junior**
par Massimo Indrio
En pleine nuit, M. Labulle est réveillé par un bruit. Il découvre dans la cuisine une petite fille: Stella arrive de l'espace, elle est magicienne. Elle lui demande de l'accompagner dans une mission… explosive !

758 Monsieur Labulle super cosmonaute **Junior**
par Massimo Indrio
Lulu Tirebouchon est le meilleur ami de M. Labulle. Cet inventeur de génie vient de créer une fusée. M. Labulle accepte de tester l'engin : dans quelle drôle d'aventure s'est-il encore embarqué?

757 Monsieur Labulle super détective **Junior**
par Massimo Indrio
M. Labulle adore lire les aventures de Super Super. Quand il apprend l'enlèvement de l'oncle Rémi, il décide de prouver à son tour son courage. Attention! Monsieur Labulle mène l'enquête…

756 Monsieur Labulle super pilote **Junior**
par Massimo Indrio
M. Labulle, dans la vie il faut travailler! Oui, mais quel métier exercer? Pâtissier ou peintre en bâtiment? Pilote d'essai semble une meilleure idée… quelle course!

749 Khan, cheval des steppes **Senior**
par Federica de Cesco
Anga, jeune Mongole, sauve d'une meute de loups un magnifique poulain blanc. Anga et Khan deviennent inséparables. Mais le cheval est convoité par le chef de la tribu, puis réclamé par un prince: dans la Mongolie du XIIe siècle, Anga, fille de chasseur, pourra-t-elle garder son nouvel ami près d'elle?

748 **Beau-Sire, cheval royal** **Senior**

par Jacqueline Mirande

1214. Jean, jeune noble de quinze ans, est privé de ses richesses par son cousin. Il veut demander justice au souverain, Jean sans Terre, et s'enfuit avec Beau-Sire, son cheval. Mais ce magnifique étalon est très convoité : la route est semée d'obstacles et Jean, tombé aux mains d'un brigand, n'aura la liberté… qu'en échange de sa monture.

747 **Un cheval pour totem** **Senior**

par Alain Surget

Nuun a dix ans, l'âge auquel on devient adulte dans sa tribu. Il doit pour cela subir un rite d'initiation et choisir un animal-totem : ce sera le cheval. Quelques jours plus tard, il trouve un poulain, et l'adopte. Nuun le baptise Charbon, et ils deviennent inséparables. Mais le sorcier de la tribu est jaloux, et se fait menaçant…

746 **Le cavalier du Nil** **Senior**

par Alain Surget

Bitiou, fils de paysans dans l'Égypte des pharaons, est fasciné par les chevaux. Un jour, il se joint aux troupes de Ramsès II, qui regagnent Memphis. Arrivé au palais, Bitiou se faufile jusqu'aux écuries royales. C'est alors qu'il fait la connaissance du plus beau cheval de Pharaon : ensemble, ils vont vivre des aventures extraordinaires.

745 **Punch et Judy** **Senior**

par Avi

Les États-Unis, à la fin du XIXe siècle. Punch a huit ans à peine lorsqu'il est recueilli par la troupe ambulante des Joe MacSneed. Il apprend dès lors à vivre comme un vrai saltimbanque, aux côtés de Judy, la fille de Joe, dont il est amoureux. Mais bientôt, les difficultés s'accumulent…

744 Les naufragés du ciel **Senior**

par Daniel Vaxelaire

Octobre 1929, aéroport du Bourget : l'avion Farman 192 AJJB s'envole. À son bord, trois héros avec ce rêve fou, ce pari insensé : rallier la Réunion par les airs. Arriveront-ils à bon port ? Farman résistera-t-il aux tempêtes du continent africain ? La mer épargnera-t-elle les aventuriers ?

743 Viola Violon **Senior**

par Rachel Hausfater-Douieb

Viola a onze ans et déteste son prénom. Jusqu'au jour où Benny la surnomme « Viola Violon » : alors, pour que son prénom soit aussi beau que la musique d'un violon, Viola décide d'apprendre à jouer de cet instrument. Au fil des années, Viola va trouver son identité et s'accepter telle qu'elle est, grâce à la musique.

742 Un héros pas comme les autres **Junior**

par Anne-Marie Desplat-Duc

Mathias, un jeune paysan, vit au XVe siècle. Amoureux de la châtelaine Aelis, il n'ose pas lui avouer ses sentiments. Il finit par demander de l'aide à un personnage tout à fait inattendu… l'auteur !

737 L'été catastrophe ! **Senior**

par Margot Bosonnet

Depuis que Marcus a rejoint la bande du Ventre Rouge, les grandes vacances ne sont plus qu'une gigantesque bataille ! Grimper aux arbres à mains nues, voler des groseilles, passer la nuit dans une ruine abandonnée (et hantée !)… ces cinq lascars ont plus d'une idée en tête pour faire enrager voisins, parents… et même policiers !

736 Tante Morbélia et les crânes hurleurs **Senior**

par Joan Carris

Horreur ! Tante Morbélia vient s'installer chez Todd, et avec elle toutes ses légendes de crânes hurleurs et d'affreux fantômes ! En plus, c'est une ancienne maîtresse, qui veut lui faire réciter ses leçons chaque jour. Dire que pour Todd, retenir les douze mois de l'année est déjà tellement compliqué… Et puis surtout, surtout, il déteste les histoires qui font peur !

735 Ah ! Si j'étais grand… **Junior**

par Siobhan Parkinson

Ça n'est vraiment pas drôle d'avoir mille cent ans, d'être lutin et petit pour la vie ! Lorenz en a assez, assez, assez ! Mais voilà qu'il fait la connaissance d'Iris, qui elle, voudrait bien être moins ronde et rétrécir un peu. Que vont inventer les nouveaux amis pour changer de vie ?

734 Un prince en baskets **Senior**

par Liliane Korb et Laurence Lefèvre

Quelle surprise ! Solveig et Nils, descendus fouiller la cave pour s'occuper, y découvrent une jolie jeune fille assoupie… depuis deux cents ans ! N'y aurait-il pas un petit peu de sorcellerie là-dedans ? Et que faire d'une aristocrate qui a échappé à la Révolution, quand on a quatorze ans et qu'on porte des baskets ?

732 L.O.L.A **Senior**

par Claire Mazard

Qui adresse du courrier à Lola sans le signer? Pour la jeune fille, ces lettres anonymes sont d'abord agaçantes, puis touchantes, et surtout intriguantes. Accompagnée de son petit frère Jérôme, Lola va mener une enquête… alors que la réponse est tout près d'eux, sous leurs yeux.

Cet
ouvrage,
le six cent dix-huitième
de la collection
CASTOR POCHE,
a été achevé d'imprimer
sur les presses de l'imprimerie
Maury Eurolivres
Manchecourt - France
en mars 2001

Dépôt légal : octobre 1998.
N° d'édition : 4496. Imprimé en France.
ISBN : 2-08-164496-7
ISSN : 0763-4544
Loi n° 49-956 du 16 juillet 1949
sur les publications destinées à la jeunesse